다원가

플라톤가

Welcome to
지식인 마을

촘스키가

새싹마을

아크로폴리스

아고라

아인슈타인가

입구

지식인마을40

지식인마을에
가다

지식인마을에 가다

지은이_ 장대익

1판 1쇄 발행_ 2006. 11. 20.
2판 1쇄 발행_ 2014. 4. 22.

발행처_ 김영사
발행인_ 박은주

등록번호_ 제406-2003-036호
등록일자_ 1979. 5. 17.

경기도 파주시 문발로 197(문발동) 우편번호 413-120
마케팅부 031) 955-3100, 편집부 031) 955-3250, 팩시밀리 031) 955-3111

값은 뒤표지에 있습니다.
ISBN 978-89-349-6798-9 04080
        978-89-349-2136-3 (세트)

독자 의견 전화_ 031) 955-3200
홈페이지_ www.gimmyoung.com
이메일_ bestbook@gimmyoung.com

좋은 독자가 좋은 책을 만듭니다.
김영사는 독자 여러분의 의견에 항상 귀 기울이고 있습니다.

지식인마을에 가다

Charles Darwin & William Paley
René Descartes & George Berkeley
孔子 & 孟子
Alvin Toffler & Jacques Ellul
Albert Einstein & Niels Bohr
莊子 & 老子
Leopold von Ranke & Edward Hallet Carr
Carl Sagan & Stephen Hawking
John Dewey & Richard M. Rorty
Isaac Newton & Ren é Descartes
Herbert Simon & Daniel Kahneman
Pierre Bourdieu & Anthony Giddens
長岡半太郎 & 湯川秀樹
Montesquieu & Tocqueville
James Watson & Francis H. C. Crick
Jeremy Bentham & Peter Signer
Aristoteles & Ibn Rushd
丁若鏞 & 崔漢綺
Émile Durkheim & Max Weber
淮南子 & 黃帝内經
Edmund Husserl & Martin Heidegger
Thomas Hobbes & John Locke
Alasdair C. MacIntyre & John Rawls
Georg W. F. Hegel & Karl Marx
Thomas S.Kuhn & Karl Raimund Popper
Aurelius Augustinus & Thomas Aquinas
John Maynard Keynes & Friedrich August von Hayek
Jane Goodall & Louis Leakey
Marie Curie & Lise Meitner
Walter Benjamin & Theodor W. Adorno
Noam Chomsky & B. F. Skinner
Michel Foucault & Jürgen Habermas
Jacques Derrida & Gilles Deleuze
Sigmund Freud & Jacques Lacan
Michael Faraday & James Clerk Maxwell
Alan Turing & Kurt Gödel
Arthur Schopenhauer & Friedrich Nietzsche
退溪 李滉 & 栗谷 李珥
申采浩 & 咸錫憲

장대익 지음

김영사

〈지식인마을〉 준공식에 부쳐

"한 아이를 키우려면 온 마을이 필요하다"는 아프리카 속담이 있습니다. 아이에게 마을이 필요한 이유는 무엇일까요? 그곳은 생존과 번영에 필요한 지식을 전수받는 공간이기 때문일 것입니다. 그런데 어디 아이뿐이겠습니까? 우리 모두는 하나의 마을 안에서 끊임없이 배우며 살고 있습니다. 우리의 배움에는 쉼표가 없습니다.

농경이 시작되면서 생겨난 마을은 지난 1만 년 동안 엄청나게 변화했습니다. 20만 년 동안 수렵과 채집을 하며 지냈던 인류는 1만 년이라는 기간 동안 처음의 마을과는 비교도 할 수 없을 만큼 거대한 도시를 건설했습니다. 그리고 그곳에 학교를 세우고 도서관을 지었습니다. 오직, 선조의 지식을 다음 세대에 전달하기 위해서였습니다.

만일 그들이 개인의 시행착오('개인적 학습')을 통해서만 생존에 필요한 지식을 얻으려 했었다면 인류는 어떻게 되었을까요? 결코 오늘날처럼 크게 번성한 종이 되진 못했을 것입니다. 호모 사피엔스 사피엔스의 트레이드마크는 '문명(civilization)'입니다. 이것은 서로에게서 배운('사회적 학습') 지식들이 차곡차곡 쌓인 결과물입니다. 인간이 아닌 다른 종들, 가령 침팬지는 우리가 하는 것만큼 서로에게서 배우지 않습니다. 이 차이가 바로 그들이 600만 년 동안 거의 변하지 않았던 이유를 설명해줍니다. '사회적 학습' 능력은 우리가 침팬지와는 다른 길을 가도록 만든 힘이었습니다. 마을은 그 사회적 학습이 일어나는 중요한 공간입니다.

그래서 우리도 가상의 마을을 만들어 보았습니다. 한 아이를 위해 온 마을을 바치는 심정으로, 한 사람의 교양인을 키우기 위해 〈지식인마을〉을 만들었습니다. 이 마을에는 동서양의 문명을 만든 100인의 위대한 지식인들이 살고 있습니다. 그들은 연일 자신의 지적 화두를 꺼내놓고 방문자를 기다립니다. 그중 어떤 것들은 친숙하지만, 한 번도 생각해보지 못한 질문들도 의외로 많습니다. 하지만 이 모든 것은 분명 세상을 뒤흔든 질문입니다. 〈지식인마을〉은 그 위대한 화두로 지식 여행자들을 친절히 안내합니다.

이 책은 그 〈지식인마을〉의 여행 가이드이자 건축보고서입니다. 뉴욕을 더 잘 즐기려는 여행자에게 뉴욕 여행 가이드북이 도움이 되듯이, 이 가이드는 기본적으로 〈지식인마을〉을 더 즐기려는 독자에게 도움을 주기 위한 것입니다. 서울을 더 깊이 이해하려는 여행자에게 서울에 관한 역사서가 도움이 되듯이, 이 보고서는 〈지식인마을〉을 더 깊이 읽으려는 독자들을 위한 것입니다.

이 책에서 저는 우리 사회가 '문턱 증후근'(시험이라는 문턱을 넘자마자 호기심과 열정을 잃어버리는 증상)을 앓고 있다고 진단하며, 그 질병을 치료할 '호기심과 열정'에 대해 이야기합니다. 그리고 이 시리즈가 나오게 된 더 큰 배경과 지식인마을의 건설과정을 공개합니다. 지식인마을의 설계도는 어떻게 생겼을까요? 100인의 주민들을 선발한 기준은 무엇일까요? 지식인마을 건설에 실제로 참여한 사람(이 시리즈의 저자)들은 누구이며, 그들이 지은 집은 어떤 모습일까요? 마지막으로 저는 〈지식인마을〉의 미래 주민들이 어떤 사람들일지를 전망해보았습니다.

〈지식인마을〉 시리즈는 국내외의 유사물들에 비해 몇 가지 면에서 뚜렷한 차이를 갖고 있습니다. 그 차이들을 한 단어로 요약하라면, 저는 '참신성'이라고 대답합니다. 첫째, 두 명의 지식인을 짝으로 내세우고 그 주변의 지식 네트워크를 보여주는 방식으로 만들어진 지식 교양 시리즈는 그동안 없었습니다. 둘째, 인문과 자연과학의 세계, 동양과 서양의 지적 전통, 창시자와 계승자의 계보를 융합적으로 다뤘다는 면에서도 새로운 시도였습니다. 셋째, 이 시리즈는 권위와 재미를 동시에 추구했다는 면에서도 독특합니다. 〈지식인마을〉의 저자들은 기발한 상상력과 다양한 스타일의 글쓰기를 통해 독자들의 머리를 즐겁게 해주려고 노력했습니다. 권위는 있지만 딱딱한 인문교양서는 적지 않고, 재미는 있지만 깊이가 없는 인문교양서도 많습니다. 하지만 지식의 전문성이 있으면서 독자를 깔깔거리게 만드는 책은 매우 드뭅니다. 우리는 이 어려운 줄타기를 시도했고 적잖이 성공했다고 생각합니다. 모든 저자들이 각 주제에 관한 박사급 이상의 전문가들인데다가 재치와 유머를 가진 분들도 많았습니다.

그렇지만 무엇보다도 이 시리즈를 참신하게 만든 가장 큰 요인은 오늘 이 준공식에 그 위용을 드러낸 총 40권의 저자에게 있습니다. 이들은 모두 국내의 학자(전문가)들입니다. 제가 아는 한, 하나의 목표를 위해 30명 이상의 국내 학자들이 40권 정도의 시리즈물을 만든 대형 토종 프로젝트는 최근 한국 출판의 역사에서 찾아보기 힘듭니다(왜 애초에 기획한 50권이 아니라 결국 40권이 되었는가에 관해서는 이 책의 5장에 나와 있습니다).

이 사실들을 알고 계신 주변 분들은 "참으로 대단한 일을 해냈다"고들 하십니다. 하지만 여기까지의 과정이 이렇게 힘들 줄 알았다면 감히 이 대형 프로젝트를 시작할 엄두를 내지 못했을지도 모릅니다. 우리는 미래를 보지 못하기 때문에 용감해지는 것 같습니다. 진실을 정확히 말하자면, 열정이 눈을 멀게 했습니다.

이 위대하지만 무모했던 프로젝트는 2005년 여름의 어느 날 우연히 시작되었습니다. 그리고 한동안 미친 듯이 진행되었습니다. 하지만 몇 번이나 좌초의 위기를 겪어야 했습니다. 남이 해 보지 않은 고급의 지식 교양 시리즈를 처음부터 끝까지 우리 손으로 만든다는 것은 결코 만만한 일이 아니었습니다.

거의 10년이 지난 지금, 천신만고 끝에 우리는 그래도 해냈습니다. 완벽하진 않지만, 다 채우진 못했지만, 그래도 이 정도 규모의 마을을 독자 여러분들에게 공개할 수 있어서 다행스럽게 생각합니다. 그동안 완간을 애타게 기다리던 애독자 여러분들에게 머리 숙여 감사드립니다.

오늘 이 준공식의 주인공은 단연코 33인의 저자 분들입니다. 최 훈, 강신주, 손화철, 이현경, 조지형, 강태길, 이유선, 박민아, 안서원, 하상복, 김범성, 홍태영, 정혜경, 김태호, 임부연, 김광기, 박승억, 문지영, 이양수, 손철성, 신재식, 박종현, 진주현, 신혜경, 조숙한, 하상복, 박영욱, 김 석, 정동욱, 박정일, 김선희, 조남호, 이홍기 선생님, 정말 고생하셨습니다. 선생님의 벽돌들이 없었다면 오늘도 없었을 것입니다.

김영사의 헌신적 노력에 대해서는 더 이상 무슨 말이 필요하겠습니까? 박은주 사장님은 강산이 변하는 동안에도 단 한 번의 흐트러짐도 없이 〈지식인마을〉 건설을 위해 모든 노력을 다 해 주셨습니다. 그 용기와 인내에 깊은 감사를 드립니다. 정말 큰일을 하셨습니다.

오늘은 준공식입니다. 〈지식인마을〉에 완공일이란 없습니다. 왜냐하면 배움에는 마침표가 없기 때문입니다. 이제 독자 여러분이 〈지식인마을〉을 증축해주실 차례입니다. 감사합니다.

2014년 어느 봄날에
장대익(〈지식인마을〉 책임기획자, 서울대학교 자유전공학부 교수)

Contents 이 책의 내용

'잡종적 지식인들'이 선사하는 지적 모험

홍성욱(서울대학교 과학사 및 과학철학 협동과정 교수)

원래 지금의 우리가 알고 있는 학문과 학문 사이의 경계라는 것은 그 깊이를 더하고 진보를 원활하게 이루기 위해 만들어진 것이다. 그러나 지금은 오히려 이 경계가 학문의 진정한 진보를 가로막고 있다는 느낌을 받는다. 학자들 스스로도 자신의 학문적 테두리를 넘지 못하고 자신의 분야에만 사로잡혀 있는 경우도 있다. 나는 우리 시대 지식인의 임무가 바로 이 경계를 부수고 넘나들고 기존의 지식을 섞어서 새로운 지식을 만드는 것이어야 한다고 본다. 하지만 아직 젊은 지식인들조차 "한 우물을 파라"는 조언에 기가 죽어버리곤 한다.

"한 우물을 파라"는 얘기는 '지적 겁쟁이'들의 코드일 뿐이다. 한 우물을 파서 얻을 수 있는 것은 물밖에 없다. 지적 겁쟁이들이 물이라도 건지자는 나약한 심성으로 한 우물을 열심히 파는 동안, '잡종적 지식인'들은 부글부글 끓어 넘치는 화로를 사용해 연금술 실험을 한다.

내가 본 〈지식인마을〉에는 실험 정신이 넘치는 '잡종(hybrid)' 들이 가득하다. 여기에 포함되어 있는 100인의 지식인들은 물론 이고 글을 집필한 젊은 소장학자들은 자신의 좁은 전공 영역을 고수하려는 '지적 텃세'를 뛰어넘었다. 우리는 이들에게서 경계 를 허물고 섞고 소통하며 협동 연구를 행하려는 뚜렷한 태도를 발견할 수 있다. 인문학과 자연과학, 철학과 역사학, 심리학과 뇌과학, 자연과학과 공학, 심지어 전문적 연구와 대중화 작업의 경계는 지식의 용광로를 만들고자 하는 이들의 열정 앞에서 버 티지 못한다.

지적 텃세가 심한 사회에서 잡종은 비극적이다. 한 분야에서 공부를 하고(혹은 하면서) 다른 분야를 기웃거리는 경우 환영을 받기는커녕 싸늘한 시선과 비웃음을 접하기 십상이다. 자신이 친숙하지 않은 분야로 건너가는 것은 아주 낯선 마을에 집을 구 해서 정착하는 행위와 비슷하다. 경험, 언어, 문화, 관습, 도덕이 다른 마을에서 이방인이 친구를 사귀는 데는 시간은 물론이거니 와 인내가 필수다. 사실 타인의 경험과 지혜를 처음부터 존중해 주는 사람들은 드물다. 그로 인해 지식의 융합은 이 단계를 넘지 못하고 좌절하는 경우가 많다.

그렇지만 이를 극복하고 두 문화의 언어에 익숙해졌을 때, 잡 종적 지식인들이 얻을 수 있는 혜택은 엄청난 것이다. 우선 지식 의 퓨전은 한 분야만을 아는 사람이 절대로 할 수 없는 새로운 지식을 만들어내는 원천이다. 1905년에 상대성이론, 광전효과, 브라운 운동에 대한 3편의 기념비적 논문을 발표한 아인슈타인 은 각각의 논문에서 역학과 전자기학, 전자기학과 열역학, 열역학과 역학의 문제의식을 섞었다.

게다가 잡종적 지식인은 소통을 가능케 하는 성찰적인 언어를 가질 수 있다. 한 분야만을 잘하는 사람이 독단과 아집에 빠지지 않기는, 낙타가 바늘구멍에 들어가는 것보다 어렵다. 반면에 타자의 관점을 습득한 잡종적 지식인들은 세상을 나의 시각과 타인의 시각에서 동시에 본다. 자신에 대해서 비판적이 될 수 있는 것은 타인의 시선을 획득했을 때 가능하다. 이러한 진정한 의미의 이중언어 사용자(bilingual)들은 파편화된 세상의 소통을 위한 소금과 같은 존재들이다.

마지막으로 잡종성은 책임성을 수반한다. 모든 섞는 실험은 모험이며 따라서 위험하다. 섞어서 나온 것은 새롭고 아름다운 피조물일 수도 있지만 추하고 기이한 괴물의 형상을 띨 수도 있다. 잡종적 지식인은 자신의 피조물에 대해서 책임을 지는 존재다. 지식의 퓨전의 결과로 약간 이상한 자식이 태어나도 그것을 세상에 던져놓고 나 몰라라 하는 식이 아니라 이를 애정 어린 손길로 돌보고 끝까지 책임지는 태도를 지닌다.

〈지식인마을〉은 경계를 거부하는 소장학자들이, 경계를 뛰어넘으면서 지적인 기념비를 세웠던 대가 지식인들의, 조금은 어려운 사상을 잡종적 방법으로 최선을 다해 요리한 결과물이다. 지적 모험에 뛰어들 자세가 되어 있는 우리의 젊은이들에게 바치는 멋진 향연의 시작이 되기를 바란다.

자, 이제 이 멋진 음식을 즐길 시간. Let's enjoy!

앎, 함, 삶

이정모 (성균관대학교 심리학과 명예교수)

대학에서 심리학과 인지과학을 배우고 가르치기 시작한 지 어느새 몇십 년이라는 세월이 흘렀다. 이 긴 여정을 지나오는 동안 나는 지식과 앎, 배움과 관련해 여러 번 큰 깨달음을 얻었다.

첫 번째는 1970년대 초 유학 중의 일이었다. 스키너(Burrhus Skinner)의 행동주의 심리학과 그것을 넘어서려는 새로운 움직임에 대해 막연한 개념밖에 지니고 있지 않았던 나는 유학 첫 해에 출간된 기억심리학 책을 접하고 대단히 놀랐다. 그 책은 논리 기호와 컴퓨터 시뮬레이션 관련 이야기로 가득 채워져 있었기 때문이었다. 오로지 좁은 의미의 심리학만을 알던 나는 심리학이 컴퓨터과학, 인공지능 연구와 밀접한 관계가 있음을 그때 처음 알게 되었다. 컴퓨터과학에 관한 기초지식이 전혀 없었던지라 심리학을 공부하려 컴퓨터과학까지 잘 알아야 한다는 생각에 갑자기 커다란 쇳덩이를 짊어지는 듯한 느낌이었다. 정보처리적 인지주의 패러다임이 등장한 것을 몸으로 느끼게 된 것이다. 그러나 심리학이 왜 그런 방향으로 변해야 하는가는 잘 몰랐다. 심리학의 전통적인 연구 방식이 대폭 바뀌어야 한다는 것을 이해하지 못한 것이다.

그러다가 인지심리학자로 노벨 경제학상을 받은 허버트 사이먼(Herbert Simon)의 제자 교수에게 과학으로서의 심리학이란 어떠한 것인지 개념적 기초에 대한 강의를 듣게 되었다. 그를 통해 비로소 과학의 본질·패러다임·설명·이론·마음이라는 주제와 거기에 관련된 이론적 틀, 연구 방법의 다양성에 대해 이해할 수 있었다. 그 후 한동안 과학철학과 인공지능 분야의 이론 서적들을 탐독하게 되면서, 하나의 주제에 대한 지적 탐구의 여정에는 여러 길이 있으며 다양한 방식으로 접근할 수 있다는 것도 알게 되었다. 그러나 한편으로는 학문 패러다임이 이렇게 급격히 변할 수 있다면, 그동안 연구해온 기존의 틀이나 이론들은 어떻게 되는지 의문을 품게 되었다. 또 이러한 과학 변천의 역사는 어떤 흐름을 거쳐왔는지도 궁금해졌다.

인간의 지식 탐구와 관련한 두 번째 깨달음은 심리학사 공부에서 비롯되었다. 심리학적 패러다임의 변화가 왜 일어나는가를 궁금해하던 차에, 마침 지도교수가 진행하는 심리학사 및 이론 체계 수업이 있어 듣게 되었다. 소크라테스 이전의 그리스 학자들로부터 플라톤, 아리스토텔레스, 그리고 이슬람의 아비센나를 거쳐 유럽 중세와 근세, 현대의 철학자·과학자·심리학자들에 이르기까지 사상의 흐름을 차근차근 배우게 되었고, 그 당시 학자들의 생각이 오늘날에 이르러 더욱 중요하게 다뤄지는 이론이나 개념이 되었다는 사실에 놀라움을 금할 수 없었다. 마치 생물의 번식 과정과도 같이, 하나의 생각이 당대 또는 후대의 다른 생각들의 밑바탕이 되고, 그것이 또 다른 생각들의(긍정이든 부정이든) 기초가 된다는 사실, 그리고 거기에 수많은 사람들의 생각도 조금씩(소수의 천재들은 많이) 보태지면서 무수한 가지를 치며 성장해왔고, 그 덕택에 현재의 나도 별다른 노력을 들이지 않고 이런 깊고 넓은 생각들을 접할 수 있게 되었다는 점에 대해 경탄과 감사의 마음을 지니지 않을 수 없었다.

나는 바로 이러한 깨달음을 10년 후에 〈과학도로서의 심리학도의 자세〉라는 글에서 피력한 바 있다. 당시 나는 "학문은, 과학은 혼자서 하는 것이 아니며, 역사가 있은 이래 지금까지 작은 깨달음에도 만족하며 묵묵히 일하는 사람들이 지적 연결고리를 꾸준히 이뤄오며 인간의 무지를 조금씩 줄여왔기에 오늘날 과학을 비롯한 인류 문화가 꽃필 수 있었다"라고 썼다.

나의 세 번째 깨달음은 한국으로 돌아와 대학에서 학생들을 가르치면서 얻게 되었다. 학생이었을 때는 나 자신은 물론 주변 학생들이 얼마나 지식에 목말라 하는지 별로 인식하지 못했다. 그러나 대학생들을 가르치는 신분이 되면서 학생들이 새로운 지식에, 앎에 굶주려 있는 것을 보고 큰 충격을 받았다. 학생들은 한 조각밖에 안 되는 지식이나 자료를 제공받아도 즐거워할 뿐만 아니라 그에 머무르지 않고 더 많고 더 깊은 수준의 지식과 아이디어를 갈망했다. 내가 한 번도 생각해본 적 없는 창의적인 아이디어를 제시하는 학생들이 있는가 하면, 내가 전혀 모르던 내용과의 관련성을 문의하는 학생들도 있었다.

그 과정에서 나는 보다 근본적인 의문들을 지니게 되었다.

도대체 이러한 앎에 대한 목마름은 무엇이며 어디에서 오는 것일까? 그리고 이에 바탕이 되는 인간의 인지적 능력이란 과연 무엇일까? 다른 동물들에겐 없는데 왜 인간에게 이런 능력이 생겨났을까? 우리로 하여금 하나의 앎에서 멈추지 않고 계속 나아가며 새로운 앎을 추구하게 하는 것은 무엇일까?

네 번째 깨달음은 대우재단의 지원을 받은 국내 최초의 인지과학 공동연구 모임을 통해서였다. 철학·언어학·심리학·컴퓨터과학·신경과학·사회학 등의 서로 다른 전공자들이 모여서 마음, 언어, 계산 등의 인지과학적 주제를 가지고 2주에 한 번씩 세미나를 여는 모임이었다. 그 모임은 내게 또 한 번의 성찰의 계기를 제공했다. 나는 비로소 내가 알고 있던 지식이 얼마나 좁고 얕은 것이었는지 깨닫게 되었다. 어느 특정 학문의 고유 주제라고 생각되던 개념이 실은 여러 학문에 걸쳐 깊숙한 수준에서 서로 연결되어 있었고, 가끔은 동일한 주제에 대해 분야마다 매우 상이하게 이해할 수도 있었다. 더욱 흥미로운 것은 그런 과정에서 해당 주제에 대한 새로운 이해가 생겨나게 된다는 것이었다. 그렇기 때문에 모든 학문은 다른 학문과 연결되는 것을 이해하는 것이 필수적이라는 생각을 하게 됐다.

또 그 모임에 참여한 교수들이 하나의 앎에 만족하지 않고 그 다음의 앎을 찾아 기꺼이 즐기며 빠져 드는 모습을 보며, 나의 학생들에게서 받았던 그 신선한 충격을 다시 한 번 맛봤다.

지식이란 그런 것이었다. 이미 한줄기 지식의 실마리를 잡고 있지만, 아직 알려지지 않은 미지의 지식 덩어리가 보여줄 다양한 모습을 기대하며 마치 어린아이들처럼 매료돼 신기하고 호기심을 갖는 것. 사람들은 새로운 앎을 획득하면 거기서 그치지 않고 더 큰 앎을 추구한다. 그 미지의 앎에서 하나둘씩 껍질이 벗겨져 나올 때마다 흥분하고 더 큰 앎에 도전하는 사이, 그 사람의 지식 구조는 재구성되고 더욱 풍부해져 간다. 지식을 추구하며 기뻐하는 이런 사람들은 마치 시냇가에 징검다리 돌을 차근차근 밟아가는 순진무구한 아이들 같다. 이들이야말로 순수한 지적 쾌(快)를 추구하는 '순수한 쾌락주의자(pure hedonist)'들이다!

이런 상쾌한 충격은 그 후 인지과학을 바탕으로 한 소프트과학 연구 프로젝트, 뇌과학 연구 프로젝트를 하면서도 이어졌다. 컴퓨터과학·컴퓨터공학·기계공학·전자공학·신경생물학·의학·물리학·인간공학·언어학·경영학 등의 연구자들과 함께 프로젝트를 진행했는데, 처음에는 서로의 분야가 너무 다르다고 느꼈기 때문에 이공계 전공자들이 심리학이나 인지과학 주제에 관심을 가지고 깊은 생각을 했으리라곤 미처 알지 못했다. 그러나 막상 프로젝트가 시작되고 보니, 그들은 이미 상당히 깊은 수준의 사고와 개연성 있는 관점을 전개하고 있었다. 또 심리학적 아이디어나 지식에 대한 일차적인 흥미는 물론이거니와, 그 생각들을 자신의 학문과 새롭게 연결하려는 모습도 볼 수 있었다. 나 스스로도 그들의 연구 주제를 심리학 분야에 연결시킬 수 있는 아이디어를 자연스럽게 제시하고 있었다. 이렇게 앎이란 경계가 없고 멈춤이 없다는 생각이 들었다.

칠레 출신의 인지생물학자 움베르토 마투라나(Humberto Maturana)는 "무릇 함이 곧 앎이며, 앎이 곧 함이고, 삶이 곧 앎이다"라는 철학을 피력했다. 나는 그의 사상을 접하며 앎과 삶이 연결되어 하나가 될 수 있다는 생각이 들었고, 앎을 계속해서 추구하는 것은 인간의 본질적인 '자가생산적 특성'이라는 것을 깨닫게 되었다.

과학기술의 발달은 현대인의 삶을 급속도로 변모시키고 있다. 오늘날의 로봇·휴대전화·인터넷 등을 보면, 돌도끼로 시작된 인공물이 인간과 동시에 진화의 과정을 밟고 있다는 생각이 든다. 그렇다면 미래에는 이런 인공물들을 지금까지와 같은 방식으로 개념화해서는 안 될 것이다. 이 문제는 이제 공학이 아닌 인문학과 인지과학의 과제이고, 이런 연구 끝에 나온 결론들이 미래의 인공물의 역할과 기능, 디자인을 결정하게 될 것이다. 따라서 인문학·사회과학·자연과학과 같은 학문의 경계라는 것은 이제 허물어져야 하고 새로운 개념적 틀에서 다시 수렴되어야 함을 절실히 느낀다.

얼마 전 미국과학재단은 과학기술 분야의 전문가들에게 미래에 추구해야 할 과학기술의 틀이 무엇인지 의뢰한 바 있다. 그 결과로 도출된 것이 NBIC(나노과학기술·생명과학기술·정보과학기술·인지과학기술) 융합과학기술의 틀이다. 유럽에서도 사회과학 및 인문과학의 연결의 중요성을 부각시킨 '유럽지식사회융합과학기술(Converging Technologies for the European Knowledge Society, CTEKS)'이라는 틀이 제시되었다.

이 두 틀에서 공통적으로 뚜렷이 드러나는 것이 있다. 과학기술의 발전을 위해 적어도 인지과학이, 더 나아가서는 사회과학이 인문학과 연결되어야 한다. 미래 사회에서는 인문학·사회과

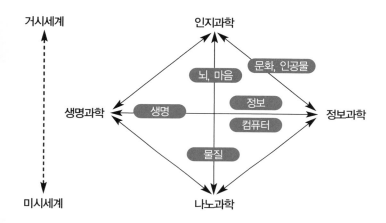

미래 NBIC 융합과학기술의 틀

학·자연과학·공학의 경계가 불확실하며, 서로 의존해야만 한다. 학문 영역 간의 수렴·통합·통섭(統攝, consilience, '지식의 대통합'을 일컫는 말로 에드워드 윌슨의 저서명)이 미래 학계와 사회의 특성이 된다.

또한 최근 인지과학에서 일고 있는 '마음 개념의 재구성' 움직임도 마찬가지다. 전통적으로 우리는 마음과 몸이 별개의 존재라고 생각했고, 과학이 발전함에 따라 '마음이 곧 뇌', 즉 뇌 속의 신경 시스템이라고 생각을 하게 됐다. 그런데 최근 로봇을 만들던 인공지능학자들이 이의를 제기했고,. 철학자들을 중심으로 뇌와 몸과 환경을 통합해 마음 개념을 재구성하려는 움직임이 일고 있다. 이러한 개념적 재구성을 가장 필요로 하는 분야는 철학도, 심리학도 아닌 로보틱스 분야다. 이제 로봇을 연구하는 로보틱스 학자들이나 철학자·심리학자·언어학자·신경과학자 모두 마음의 본질에 대해 진지한 물음을 다시 던져야 할 시점에 와 있다.

그러면 이러한 물음에 대한 답을 어디에서 얻을 수 있을까? 우리를 해답으로 이끌 가장 탄탄한 지름길은 마음·몸·인간·자연·인공물 등에 대해 가장 본질적인 물음부터 시작해 다양한 물음들을 체계적으로 던져왔던 인류사의 위대한 학자들의 생각을 돌이켜보고, 그들의 생각이 오늘날과 미래에 어떻게 연결될 수 있는가를 생각해보는 것이다. 그들이 오늘날의 현실을 어떻게 생각했을지 유추하고 곰곰이 분석해가는 과정에서 그들의 지혜를 나눠가질 수 있다. 컴퓨터건 로봇이건 휴대전화건 간에 현재와 미래의 인공물과 그것이 인간의 삶에 끼치는 영향력은 인공물과 인간의 관계에 대한 인문학적, 인지과학적, 그리고 학제적 연구에 크게 의존할 수밖에 없다.

그런데 이렇게 위대한 학자들과 오늘날의 우리가 시공을 초월해 만나고 상호작용하는 공간은 어떤 방식으로 가능할까? 고대와 현대의 지식인, 학자와 일반인, 기성 세대와 젊은 세대가 서로서로 지식의 징검다리로 연결되는 그런 공간을 만들 수는 없을까?

이 물음에 답하기 위해 탄생한 것이 바로 〈지식인마을〉 시리즈다. 이 프로젝트는 인류 역사에서 한 획을 그은 학자들끼리 이어주고, 그 학자들을 독자들과 만날 수 있게 하는 장이 되고자 했다. 특히 앞에서 언급했던 내용들이 '4I'의 기획 개념으로 형상화되어 있다. 4I란 학제적(Interdisciplinary), 통합적(Integrative),

상상적(Imaginative), 쌍방적(Interactive)이라는 〈지식인마을〉 시리즈 기획 의도의 이니셜을 딴 것이다.

이런 기획 의도에 따라 〈지식인마을〉 시리즈는 기존의 인문교양 시리즈와 차별화되는 장점을 지니게 되었다. 우선 인류의 지성사에서 우리가 꼭 알아야 할 인물들을 고대에서부터 최근에 이르기까지 동서양을 아울러 소개한다. 또한 각 인물들의 이론과 학문적 업적을 건조하게 나열하는 것이 아니라 이야기와 대화라는 형태로 제시해 소통의 가능성을 높이고 있다. 독자들은 대사상가들과 함께 생각의 실마리를 풀어나가고 가끔은 '만찬'에도 초대되어 사상가들의 열띤 토론을 지켜보면서 참여적 형태의 이야기로 된 지식을 접할 수 있다.

이 시리즈는 인간이 지식을 습득하는 메커니즘, 즉 인지심리학적 접근법을 도입했다. 인지심리학 이론에 의하면, 이른바 '머리 좋은' 사람과 그렇지 않은 사람의 차이는 지식의 많고 적음이라기보다는 자신의 지적 능력을 모니터링(점검)하는 능력, 자신이 무엇을 모르는지를 아느냐의 차이다. 머리가 좋은 사람은 자신이 무엇을 알고 무엇을 모르는지 잘 알고 있지만, 머리가 나쁜 사람은 자신이 무엇을 모르는지를 모른다는 것이다. 따라서 탄탄한 지식을 얻기 위해서는 무엇이 문제인지, 무엇이 오류이며 결함인지, 다르게 해석될 여지는 없는지 의문을 던지며 지식을 스스로 형성하도록 해야 한다. 이런 지식 습득 방법 중의 하나가 대담이나 토론인데, 지식 수준과 지적 능력이 막상막하인 사람들끼리 벌이는 토론에서 가장 탄탄한 지식을 얻는다고 한다. 아쉽게도 우리나라의 중·고교나 대학에서는 가장 결여되어 있는 방식이다. 이 〈지식인마을〉 시리즈는 바로 이런 인지적 메커니즘에 기반해 내용을 전개하도록 기획된 것이다.

이 시리즈가 인문·사회·자연과학을 아우르고 있다는 점은 의미심장하다. 인문학만 혹은 자연과학만 다루는 시리즈는 기존에도 많았지만, 한 시리즈 내에서 또는 한 책 내에서 인문학과 자연과학을 가로지르는 타 학문과의 접목을 시도한 책은 찾아보기 힘든 것 같다. 이 시리즈에서 '데카르트'가 과학자로서는 '뉴턴'과 짝지워지고, 철학자로서는 '버클리'와 짝을 이룬다는 점은 전체 시리즈의 특징을 여실히 보여주는 점이다.

앞에서 지적한 바와 같이, 21세기는 수렴적 융합과학기술의 시대며 통섭의 시대다. 시대의 요구에 부응해 인문·사회와 자연과학을 넘나들면서 분야 가로지르기의 사고 틀을 제공하는 것은 젊은이들에게 미래 사회에 대한 비전을 보여주는 일이다. 이러한 학제적, 통합적 생각의 틀, 분야의 넘나들기가 기성세대나 젊은이들 사이에서 자유롭게 일어나고, 이런 사고를 하는 사람들이 사회에서 더 인정받게 될 때, 우리 사회는 진정 미래에 대한 준비가 되어 있다고 말할 수 있을 것이다.

너도 나도 〈지식인마을〉의 주민이 되어 이 마을이 계속 발전하고 확장해나가는 미래를 기대해본다.

학문과 대중 사이, 소통의 다리 놓기

탁석산(한국외대 한국학과 겸임 교수)

아무개 씨는 미국 철학자 도널드 데이비드슨(Donald Davidson) 전공자다. 데이비드슨은 현재 미국에서 가장 영향력 있고 유명한 철학 교수지만 한국에는 전공자 외에는 거의 알려지지 않았다. 아무개 씨는 데이비드슨의 무법칙적 일원론을 지지하고 연구하고 있지만, 자신의 연구 성과를 발표할 기회는 학술전문지를 제외하고 거의 없다. 연구 성과를 단행본으로 낼 수도 있지만 이 역시 전공자 외에는 거의 구매하지 않기 때문에 출간 자체에 의의를 두는 정도다. 즉 전공자 외에는 관심을 갖지 않는 것이 현실이다. 사정이 이러하니 아무개 씨는 인문학을 통해 조금이라도 사회를 변혁해보리라는 자신의 꿈을 접어갈 수밖에 없다. 전문적인 학술 연구는 대학 내에서나 논의될 뿐 사회와는 아무 관련이 없게 된 것이다. 이것이 요즘 논의되는 인문학 위기의 한 단면일 것이다.

인문학의 위기! 아마도 전문적인 학술 연구 성과와 일반 독자의 머나먼 거리가 그 근본 원인이 아닐까 생각한다. 학술 연구의 성과가 전문가들 사이에서 유통되는 것은 당연한 일이다. 그런데 문제는 인문학이 사회에서 존립의 의의를 획득하기 위해서는 일반 독자와 소통해야 한다는 것이다. '그들만의 리그'는 결국 사회에서 도태될 것이기 때문이다. 예전에 미국의 한 대학에서 유명한 철학자의 진리론 강연이 있었는데 총장이 마침 그 강연을 듣고 철학과를 없앴다는 이야기가 있었다. 일반 학생들은 물론 총장 자신조차 전혀 알아들을 수 없는 그런 학문은 필요 없다는 것이었다. 한국도 사정은 마찬가지다. 그럼 어떤 해결책이 있겠는가?

나는 역할 분담이 해결책이라고 생각한다.

다행히 과학은 비교적 역할 분담이 잘 되어 있어 보인다. 원천 기술을 개발하는 대학이나 연구소가 있고 이 원천 기술을 생활에 사용되도록 가공하는 기업이나 연구 센터가 있고 그리고 가공물을 유통하는 기업도 있다. 원천 기술 → 가공 → 유통이라는 역할 분담이 잘 이루어져 있기에 과학은 사회에서 유용한 것으로 인정받고 있으며 과학의 효용 가치를 의심하는 사람은 별로 없다. 오히려 과학만능주의나 과학의 남용을 걱정하는 것이 현실이다. 인문학과는 반대 상황이다.

나는 인문학도 이런 역할 분담이 필요하다고 생각한다. 전문 연구자는 연구 성과가 실제 생활에 어떻게 반영될 수 있을까를 괘념하지 말고 오로지 순수한 호기심에서 연구에 충실해야 한다. 자신이 알고 싶은 것은 집념을 가지고 미친 듯이 파고 또 파야 한다. 사회와의 소통이라는 구실을 앞세우고 적당히 개론서 정도에 만족하면서 지내서는 안 된다. 그것은 원천 기술의 수준이 높을수록 가공물의 수준도 높아지기 때문이다. 나쁜 원단으로는 멋진 옷을 만드는 데 한계가 있다. 아무리 디자이너가 뛰어나도 원단이 좋지 않으면 상품(上品)이 나올 수 없다. 이와 마찬가지로 인문학의 원천 기술이라고 할 수 있는 학자의 전문적 연구는 그 수준이 높아야 한다. 이를 위해서는 역설적으로 학자를 사회와 격리시켜야 한다.

미국 철학의 대부라 불리는 콰인(Willard V. O. Quine)에게 이런 일화가 있다. 하루는 친구가 찾아와 어제 대통령 선거에 대해 어떻게 생각하느냐고 물었더니 콰인이 현재 대통령은 누구냐고 오히려 되물었다는 것이다. 콰인이 사회에 무관심한 사람으로 보이지만 그의 연구 성과는 데이비드슨에게도 계승되어 현대 물리주의 철학의 근간을 이루고 있다.

다음으로 가공업자의 역할이 중요하다. 가공업자는 일종의 다리라고 할 수 있다. 전문 연구자와 일반 독자 사이에서 다리 역할을 하는 것이다. 앞서 본 바와 같이 전문 연구자와 일반 독자 사이의 거리는 무척 멀어서 다리가 없다면 연결될 수 없을 것이다. 그런데 다리의 역할을 충실히 하려면 까다로운 조건을 만족시켜야 한다. 우선 가공업자는 전문 연구 성과를 정확히 이해할 수 있는 지식과 식견을 갖추어야 한다. 도대체 무슨 말들이 논의되고 있는지를 정확히 파악할 능력이 있어야 한다는 말이다. 다음으로는 전문적인 학술 성과 중에 어떤 것이 현재 가공되어야 하는지를 판단할 만한 감각이 있어야 한다. 시대를 읽는 눈이 있어야 한다는 것이다. 모든 원천 기술이 실제 생활에 응용되는 것은 아니듯이 전문적 지식도 모두 사회에 유통될 필요는 없다. 하지만 어떤 지식이 사회에 유통되어야 하는가를 판단하고 고르는 것은 고도의 기술이자 능력이다. 그리고 가공업자는 또한 대중을 위한 글쓰기에 능해야 한다. 대중은 전문 지식을 가진 소수의 집단이 아니다. 그들만의 리그가 아닌 것이다. 독자는 우리들 모두의 리그를 원한다. 가공업자가 전문 지식을 쉽게 풀어 일반 독자에게 전하는 일은 전문적 연구 못지않게 어렵다. 특히 일반 독자를 위한 글쓰기는 하루아침에 이룰 수 있는 것이 아니다. 전문가들 사이에서는 일상적인 용어라 할지라도 일반 독자는 처음 들어보는 것일 수 있기 때문이다. 이상의 세 가지 조건을 충족시키는 가공업자를 발굴해 꾸준히 기회를 주고 연마시키는 것이 중요하다.

유통업자는 가공업자와 마찬가지로 전문 학술 연구자와 일반 독자를 연결하는 다리로 볼 수 있다. 보통 출판사와 언론을 유통업자로 볼 수 있는데 출판사의 경우 기획과 편집을 담당한다는 점에서 보다 적극적인 유통업자라고 할 수 있다. 즉 출판사는 상당 부분 가공업자의 역할을 한다고 할 수 있다. 출판사는 단순히 책을 유통시키는 것이 아니라 시대의 흐름을 읽고 사회의 수요를 파악해 어떤 책이 필요한가를 결정하며 또한 어떤 방식으로 독자에게 다가갈 것인지를 고민하는 중요한 역할을 한다. 이때 가공업자인 저자와 유통업자인 출판사가 협력 체제를 이루어야 함은 물론이다.

이번 김영사의 〈지식인마을〉 시리즈는 이런 관점에서 의미 있는 시도다. 전문 연구자의 지식을 일반 독자의 손에 쥐어주려는 시도인데 한마디로 다리 역할을 자임했다고 볼 수 있다. 철학이나 과학은 일반 독자의 지적 욕구가 높은 분야임에도 불구하고 그동안 체계적으로 이루어지지 못했다. 특히 국내 저자의 손으로 모든 저작이 이루어진다는 것은 매우 큰 의미가 있다고 할 수 있다. 그 의미를 좀더 들여다보자.

구한말 이후 한국에 들어온 외국 학문은 여러 단계를 거쳐 한국의 것으로 전환되고 있다. 처음에는 주로 일본을 통한 간접 수입이었다. 즉 일본식 원서나 일본어 번역서를 통해 외국 학문을 접한 것이다. 이 당시 많은 일본식 용어가 한국에 정착하게 된다. 대표적인 예를 든다면 '철학' '과학' 등이 있다. 이 시기를 거친 후 주로 일본어 중역에 의해 외국 도서와 학문이 한국에 소개되었다. 세계문학전집, 세계사상전집 등 내가 어린 시절 탐독했던 많은 책들이 일본어 중역에 의한 것이었음을 한참 후에 알게 되었다. 이로 인해 '오성(悟性)'과 같은 낯설고 어려운 어휘가 그대로 한국에 유입되었다. 일본식 용어의 유입이 뜻하는 것은 우리의 이해 없이 즉 우리의 시각 없이 남의 것을 그대로 받아들인 결과 이 땅에 외국 사상이나 학문을 정착시키는 데 장애가 되었다는 것이다. 외국의 학문을 우리의 것으로 소화하기에는 시기상으로 아직 일렀던 것이다.

일본어 중역기를 지나 점차 원서를 바탕으로 한 개론서 저작시대가 열렸다. 대학 강의에 필요한 교재를 원서를 토대로 재구성하거나 자신만의 개론서를 펴내기 시작한 시대라고 할 수 있는데, 개론서는 많았지만 아직 본격적인 전문적 연구 수준에는 오르지 못한 시기라고 할 수 있다. 역설적으로 이 시기에 오히려 대중과 학자 사이의 간격이 좁았다. 학자는 개론서 수준의 담론을 펼치고 있었기에 대중적 서적을 내기에 용이했다. 당시 안병욱, 김형석 같은 철학 교수는 베스트셀러 작가였다. 이들은 주로 인생론을 다루었는데 주제가 보편적이었고 문장 역시 평이했다. 하지만 이런 시기가 언제까지나 지속되지는 않았다. 전문적인 학술 시대가 시작된 것이다. 경제 발전과 더불어 한국도 세계와 호흡하게 되었고 유학을 갔던 많은 사람들이 돌아오기 시작하면서 개론서나 번역서가 아닌 본격적인 학술 논문 시대가 열렸다. 학자들은 자신이 공부해온 것이 시대에 뒤지지 않음을 잘 알고 있었기에 자신의 전공을 더욱더 갈고닦았다.

이와 동시에 번역에서도 새로운 시대가 열리고 있었다. 본격적인 원서 번역 시대가 시작된 것이다. 영어나 독어 원서를 직접 번역하는 것은 물론이고 《소크라테스 이전 철학자들의 단편 선집》에서 볼 수 있듯이 고대 희랍어를 번역 출판하기도 했다. 학술 논문이나 서적은 전문적인 학자들의 연구 결과로 나오고 있었고 다른 한편으로는 원전 번역이 이루어지고 있었다. 질적으로 한 단계 높아졌음은 물론이고 양적으로도 팽창하기 시작했다.

질적 성장과 양적 팽창은 자연스럽게 한국의 독창적 이론 개발을 요구하게 되었다. 본격적으로 외국의 학문을 수입한 지도 반세기가 지났으므로 이제는 보편적이면서도 한국적인 이론을 세계에 내놓을 때도 되지 않았느냐는 요구인 것이다. 한국의 학문은 바로 이 지점에서 주춤하고 있다. 이것이 생각보다 쉬운 일이 아닌 데다가 한국이 갖고 있는 토대 역시 아직은 취약하다는 것을 새삼 절감하는 것이다.

이런 보편적이고 독창적인 이론을 세계에 제시하는 것과 더불어 이제까지 쌓아온 학문적 성과를 대중과 나눌 필요가 있다. 다시 말해, 한 단계 더 도약하기 위해서 지금까지의 연구 성과를 대중과 소통하고 그들의 지지를 얻는 분위기를 조성할 필요가 있다는 것이다. 인문학이 사회에서 고립된다면 학자들의 외로움은 깊어갈 것이다. 물론 오로지 호기심 충족을 위해 연구하는 학자들에게 고립이 그리 문제가 되지 않을 수 있지만 그들도 자신의 연구가 사회에 영향을 미치기를 바라는 것은 당연하지 않겠는가. 따라서 인문학이 사회적으로 광범위한 지지와 후원을 받는다면 학자들도 좀더 의욕을 낼 수 있을 것이다. 하지만 대중과의 소통이 중요하다는 것을 인정하더라도 과연 한국 학계는 이런 소통의 준비가 되어 있는가?

이러한 질문에 대한 대답이 이제 시험 단계에 접어들었다. 소통을 위한 자원은 꽤 마련되어 있다고 할 수 있으나 아직 실전 경험이 부족하다. 학계는 그동안 많은 연구 성과를 축적해왔다. 인문학의 경우 세세한 분야까지 전문가가 있다. 하지만 학계에는 여전히 대중과의 소통을 위한 글을 낮게 여기는 풍토가 있다. 그래서 선뜻 나서려는 사람이 없다. 다행인 것은 출판계가 적극적이라는 점이다. 많은 연구자들이 학술 논문을 쓰면서도 동시에 대중적인 글을 쓰고 싶어 하는 현실을 출판계가 놓치지 않고 적극적으로 기획해 읽기 편하게 편집을 한다는 것이 고무적이다. 지난 50년간의 성과를 자신의 언어와 말투로 표현해야 할 때가 온 것이라고 저자들을 열심히 설득한 것이다.

데카르트(René Decartes)와 버클리(George Berkeley)를 예로

들어보자. 이 어려운 철학자들을 이해하는 데 많은 세월이 지났다. 처음에는 원서로 공부하고 어느 정도 공부가 끝나면 원전을 번역하고 전문적인 학술 논문을 쓴다. 이런 과정을 통해 데카르트와 버클리는 한국에서 한국의 방식으로 이해되고 수용된다. 나라마다 관심사가 다르기 때문에 수용 방식과 관심사도 다를 수밖에 없을 것이다. 이렇게 이해되고 수용된 내용을 현실에 맞게 글로 쓰는 것은 앞서 말한 대로 쉽지 않다. 우선은 한국에서 이런 작업은 아직 시작 단계이기 때문이다. 번역서에 비해 시장성이 불투명한 이런 작업을 하기가 쉽지 않은 것이다.

이번에 김영사가 큰마음 먹고 동서양의 고전을 우리의 목소리로 말하는 자리를 마련했다. 쉽지 않은 과제에 도전을 감행한 것이다. 과학과 철학을 중심으로 구성한 것 같은데, 흥미를 더하는 것은 두 명씩 짝을 이루어 등장한다는 것이다. 두 사람 사이의 영향이라든가 대립과 같은 어떤 형태의 관계를 염두에 둔 것으로 생각되는데, 전체를 다 엮으면 커다란 지적 네트워크가 형성될 것으로 보인다. 게다가 한국에 그리 익숙하지 않은 사람들도 눈에 띈다. 이름은 알려져 있어도 내용은 그다지 친숙하지 않은 괴델(Kurt Gödel)과 튜링(Alan Turing) 등의 학자들을 다룬 과감함도 돋보인다. 새로운 지적 모험의 시작이라고 말해도 무리가 없을 것이다.

이 시리즈가 성공해 한국에서도 학자와 일반 독자가 한 마을에 살고 있다는 공감대가 형성되었으면 좋겠다. 〈지식인마을〉에서 지식인과 일반 독자가 함께 앉아 도란도란 얘기를 나누길 바란다.

지식인마을에 가다

Chapter 1

문턱을 넘자마자 호기심을 잃다

학문을 아는 자는 이를 좋아하는 사람만 못하고
학문을 좋아하는 자는 이를 즐기는 자만 못하다.
– 공자, 《논어》

밥맛 떨어지게 또 공부 얘기?

《논어(論語)》를 보면 "배우고 때때로 익히면 즐겁지 아니한가(學而時習之 不亦說乎)"라는 구절이 나온다. 생각해보면 나도 그랬던 것 같지만 이 구절을 배웠던 중학교 시절에는 도무지 이해하기 힘든 글귀였다. 배운다는 것이 바로 공부와 연결되고 이것이 바로 성적으로 이어지는 지금의 학생들에게도 배운다는 것이 즐겁다고 한 공자의 말이 이해하기 힘든 것도 무리는 아니다. 공부라면 부담이 먼저 느껴지고 심지어는 밥맛 떨어진다고까지 이야기하는 아이들에게 이 구절은 그저 수천 년 전, 우리나라도 아닌 중국 땅에서나 해당하는 구절일 뿐이다. 아니, 아이들만이 아니라 어른들 역시 배우는 것, 공부하는 것을 좋아하는 이가 과연 우리 사회에 얼마나 될까? 배운다는 것에 이렇게 몸서리를 칠 지경이니 배움을 통해 지식을 얻는다는 것 역시 골치 아픈 것으로 여겨질 수밖에 없다. 그렇다면 배운다는 것, 지식을 얻는다는 것은 원래 이렇게 괴롭고 밥맛 떨어지는 것일까?

십여 년 전 대학원 시절에 방문연구자 자격으로 영국 런던 정경대학(London School of Economics and Political Science, LSE)에 머물면서 과학철학센터에서 수업을 듣고 있을 때였다. 대여섯 명이 둥그렇게 앉아 진행되는 대학원 수업이었는데, 도저히 학생 같아 보이지 않는 신사 한 분이 까마득히 어린 학생들 틈에서 수업을 들으며 뭔가를 열심히 적고 있었다. 도대체 저 신사의 정체는 뭘까? 궁금한 마음에 수업이 끝나고 알아보니 그는 그 대학의 저명한 철학 교수였다. 교수라는 지위에도 불구하고 그는 그 수업의 주제인 '생물학의 철학'을 배우고자 다른 교수의 수업을 '청강'한 것이다. 교수가 동료 교수의 수업을 청강하며 열심히 노트 필기까지 하는 모습이라니! 한국의 대학에서는 좀처럼 찾아보기 힘든 광경을 본 후에도 나는 이것이 학문에 대한 애정이 유별난 한 노교수의 예외적인 상황일지 모른다고 생각했었다. 하지만 또 다른 교수의 강의에 참석한 첫날, 이런 나의 예측은 완벽하게 잘못된 것임이 밝혀졌다. 100명 남짓한 청중들 중 교수들이 족히 10명은 넘는 듯했다. 그 누구도 의무 때문에 참여한 사람은 없어 보였다. 그저 강연자의 지적인 모험을 즐겁게 지켜보고 있는 것 같았다. 마치 모두가 지식을 즐기고 있는 사람들처럼 보였다.

그 이후 한 학기 동안 '다윈 세미나(Darwin Seminar)'라는 모임에 정기적으로 참여하면서 또 한 번의 문화적 충격을 경험했다. 다윈 세미나라고 하면 주로 진화생물학자들이나 그와 유사한 전공을 가진 이들이 참석하리라고 생각했던 나의 예상이 완전히 빗나갔기 때문이다. 참석자들이 자신을 소개하는데, 진화생물학자는 딱 한 명뿐, 나머지는 철학자, 심리학자, 물리학자, 공학자였고, 심지어 정책학자도 앉아 있었다. 다양한 배경의 참석자들을 묶어준 키워드는 그저 '진화'일 뿐이었다. 당시에 공학자는 기술변동론을, 정책학자는 가족 정책의 근거를 진화와 연결시키는 작업에 빠져 있었는데, '진화'라는 용매가 학문의 장벽을 스르르 녹여버린 듯했다. 공통의 주제를 놓고 벌이는 그들의 토론 모습은, 연예인에 대한 지식을 자랑하는 학생들의 대화나 부동산 재테크에 대해 정보를 교환하는 우리 어른들의 대화와는 사뭇 달라 보였다. 정말로 그들은 지식을 사랑하는 사람들처럼 보였다.

이 충격은 오히려 세미나 뒤풀이에서 절정을 맞이했다. '머리에 쥐가 나려고 하니 술이나 한잔하며 다른 얘기를 좀 하겠지'라는 예상은 보기 좋게 빗나갔다. 더 많은 토론, 더 깊은 대화, 더 최신의 지식이 소통되는 더 '골치 아픈' 대화가 이어지고 있었기 때문이다. 겨우 포도주 몇 잔에 땅콩을 까면서 그들은 저녁밥도 미룬 채 두 시간을 더 이야기하다가 자리를 떴다. 우리 같으면 '이제 밥이나 먹읍시다'라고 했을 것이다. 어떤 이는 '밥맛 떨어지게 또 여기서 공부 얘기냐?'라고 면박을 줬을지도 모를 일이다. 하지만 지식에 대한 그들의 호기심은 배고픔을 능가하는 듯했다.

이런 학문에 대한 열정은 일부 학자들만의 것은 아닐까 하는 생각도 들었지만 런던 정경대학에서 열렸던 대중 강연회에 몇 번 참석해본 바로는 꼭 그렇지만은 않았다. 하루는 '언어학과 생물학의 만남'이라는 주제로 그 대학의 한 연구원이 대중 강연을 했는데, 내가 들어본 최고의 대중 강연이기도 했지만 그에 호응하는 일반 시민들의 열정도 최고였다. 강의가 끝나자 못다 한 질문들을 하려는 시민들의 줄이 강당의 반을 휘감았을 정도였고 지팡이를 짚고 순서를 기다리는 할아버지도 눈에 띄었다. 일반인들 역시 배운다는 것에 대한 즐거움은 이미 생활이 된 것처럼 보였다.

과연 저들이 저렇게까지 배움에 열정적인 이유는 무엇일까? 우리 사회에서 무엇을 배운다는 것이 '골치 아픈 것', '입시를 위해서는 어쩔 수 없이 하는 것' 정도에 불과하다면 적어도 저들에게는 배운다는 것이 오히려 즐거움에 가까운 것이라 느껴졌다. 그리고 이러한 차이가 바로 우리와 그들이 생각하는 지식이라는 것의 차이를 가져오는 것이 아닐까 하는 생각이 들었다. 제한된 경험이긴 하지만 나는 그곳이 적어도 우리 사회에 비해 지식이 삶의 일부로서 존중받고 있다는 느낌을 받았다. 도대체 무엇이 그런 사회를 만들었을까? 런던에 머무는 동안 이런 문화적 충격을 받을 때마다 나는 우리 사회를 되돌아보지 않을 수 없었다.

입시열이 교육열은 아니다

흔히 우리나라의 교육열은 세계 최고라고 말한다. 해마다 4~5월이면 등장하는 때 아닌 톱뉴스의 헤드라인을 보면 그 말이 맞는 것 같기도 하다. "○○고등학교에서 이번에도 미국 아이비리

그 대학들에 ○○명을 합격시켰다.""○○은 아이비리그 명문 대학의 ○○군데에서 이미 입학허가서를 받아놓은 상태다.""○○는 S대를 포기하고 글로벌 경쟁력을 위해 아이비리그 ○○대학을 선택하기로 했다.""형제가 아이비리그 대학인 ○○에 동시에 합격해서 화제다." 또한 서점에는 "자식 모두를 미국 아이비리그 대학에 보낸 어머니의 자녀 교육법" 혹은 아이비리그에 들어간 이들의 공부 방법을 모은 책들이 절찬리에 판매 중이다.

불과 몇 년 전만 해도 국내 S대학에 몇 명을 보냈느냐가 화젯거리였지만 요즘은 그 'S대학'이 '아이비리그 대학'으로 대치된 것을 보면 어떤 대학에 들어갔는지에 대한 관심도 글로벌 시대에 맞게 국제적으로 업그레이드된 셈이다. 최근에는 대학에 만족하지 못하고 이른바 명문대의 입학률이 높은 사립 고등학교에 자녀들을 입학시키기 위해 수천 명의 학부모들이 입시설명회에 모였다는 기사도 심심치 않게 나오고 있다. 이런저런 현상을 보면 확실히 우리나라 사람들의 배움에 대한 열정은 어디에 내놔도 뒤처지지 않는다는 생각마저 들기도 한다.

하지만 과연 그럴까? 우리는 배움에 대해 열정이 있는 사람들인가? 놀랍게도 그렇지 않다는 통계가 많다. 지난해 문화관광부에서 실시한 '2013년 국민 독서 실태조사'에 따르면 우리나라 성인의 연평균 독서량은 9.2권으로 2년 전에 비해 0.7권이 줄었다. 2010년 한국 교육학술정보원에 따르면 우리나라 대학생들의 연평균 독서량도 11.5권으로, 북미연구 도서관 협회에 가입한 세계 113개 대학의 평균인 26.5권의 절반도 되지 않는다.

옆의 표를 보면 우리나라 독서 기반 시설 자체가 선진국에 비해 뒤떨어 진다는 것을 확인할 수 있다. 이렇게 열악한 환경 속에서 우리가 예상할 수 있는 결과는 자명했다. 조금 오래된 통계이기는 하지만 2005년 다국적 리서치 회사 NOP월드가 전 세계 30개국 13세 이상 남녀 3만 명을 대상으로 심층 면접을 통해 조사한 각국의 문화지수(Culture Score Index)에 따르면, 우리나라는 주당 독서 시간이 30개국 평균인 6.5시간에 훨씬 못 미치는 3.1시간으로 최하위 국가로 분류됐다.

　세계 30위 수준밖에 안 되는 독서 수준에, 열악한 도서관 현황…… . 어떻게 우리나라의 교육열이 세계 최고일 수 있을까? 우리나라 국민들은 책을 읽지 않고도 공부를 할 수 있는 비법(?)

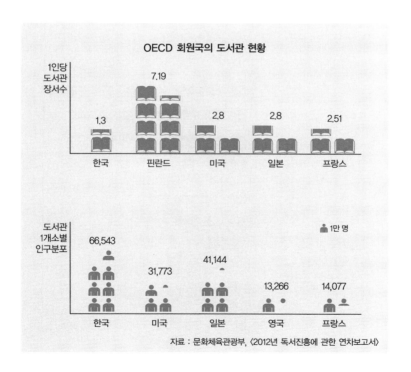

OECD 회원국의 도서관 현황

자료 : 문화체육관광부, 〈2012년 독서진흥에 관한 연차보고서〉

들을 가지고 있는 걸까? 혹자는 이 대목에서 '인터넷 강국 코리아'를 떠올릴지 모른다. 요즘 같은 멀티미디어 시대에 책을 통해서만 공부를 한다는 것은 고리타분한 말로 들릴지도 모르겠다. 하지만 2013년 미래창조과학부와 한국 인터넷진흥위원회가 실시한 인터넷 이용 실태 조사에 따르면 우리 국민의 주당 인터넷 사용 시간은 14시간으로, 하루에 평균 2시간 정도 인터넷을 이용하고 있었다. 하지만 아래의 표를 보면 알 수 있듯이, 사용자들은 주로 자료 조사 및 정보 획득(91.3%)과 여가 활동(86.4%), (이메일·메신저·SNS 등) 커뮤니케이션(85.5%)의 용도로 인터넷을 사용하고 있으며, 교육 및 학습의 목적으로 인터넷을 활용하는 경우는 19%에 불과했다. 이런 점을 고려해볼 때, 인터넷의 사용 용도는 아직 공부나 학습과는 거리가 먼 것 같다.

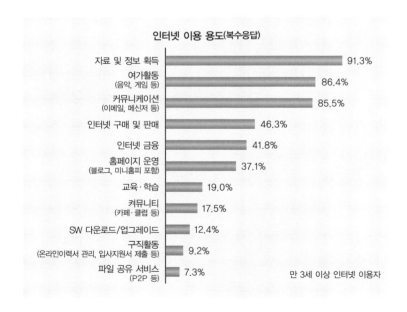

인터넷 이용 용도(복수응답)

자료 및 정보 획득	91.3%
여가활동 (음악, 게임 등)	86.4%
커뮤니케이션 (이메일, 메신저 등)	85.5%
인터넷 구매 및 판매	46.3%
인터넷 금융	41.8%
홈페이지 운영 (블로그, 미니홈피 포함)	37.1%
교육·학습	19.0%
커뮤니티 (카페·클럽 등)	17.5%
SW 다운로드/업그레이드	12.4%
구직활동 (온라인이력서 관리, 입사지원서 제출 등)	9.2%
파일 공유 서비스 (P2P 등)	7.3%

만 3세 이상 인터넷 이용자

그렇다면 우리나라에서 배움(?)에 대한 열정을 확인할 수 있는 곳은 어디일까? 누구나 다 알고 있는 사실이지만 그곳은 바로 학원이다. 독서율은 바닥을 맴돌고 있지만 입시를 준비하기 위해 학생들이 다니는 학원의 개수나 학원에 앉아 있는 시간으로 본다면 우리나라의 교육열은 세계 최고 수준이다. 이런 현상은 대학생의 경우도 크게 다르지 않다. 아침부터 꽉 들어찬 도서관 내의 학생들 중 상당수가 각종 '고시' 책들을 쌓아놓고 취업 '입시'만을 위해 공부하고 있는 중이다. 대학 도서관이 지식의 전당에서 취업 준비용 독서실로 변질된 것은 이미 어제오늘의 일이 아니다. 취업 준비에 밀려 정작 학과 전공 공부를 도외시하는 경우도 비일비재하다. 실제로 한국직업능력개발원이 전국 4년제 대학 3~4학년 학생 1,123명을 대상으로 조사해 2014년 3월에 공개한 자료에 따르면, 대학생들의 주간 학습시간은 평균 8.89시간으로 영어 공부에 가장 많은 3.94시간을 투자했으며, 공무원시험 공부(2.40시간)가 그 뒤를 이었다. 반면 전공 공부에 들이는 시간은 1.98시간에 불과했다. 즉, 우리나라 대학생들은 자신의 전공 지식보다는 취업에 필요한 영어 공부를 위해 2배 가까운 시간과 비용을 투자하고 있는 셈이다.

과연 이것을 제대로 된 교육열이라고 볼 수 있을까? 그보다는 입시열·취업열이라는 말로 대체해 사용하는 것이 더 올바른 표현일 것이다. 청소년에서 어른에 이르기까지 우리 사회 모두는 교육이 아닌 '그들만의 입시'에 올인하고 있다.

새로운 지식을 얻는다는 것 자체를 즐기는 문화와는 달리 우리 사회에서 지식이라는 것은 좋은 대학에 들어가기 위한, 혹은 좋은 직장을 얻기 위한 수단, 그 이상도 이하도 아니다. 문제는 일단 좋은 대학에 들어가거나 직장을 얻으면 언제 그랬냐는 듯 싫게 공부와는 담을 쌓고 입시에 도움이 되지 않는 지식에는 관심조차 갖지 않는다는 것이다. 오직 좋은 대학, 좋은 직장이라는 문턱을 넘기 위한 수단으로서의 지식만이 의미를 가질 뿐이다. 이런 태도는 명문대에 들어간 학생들을 보는 우리의 시각에서도 여실히 드러난다. 온통 어느 대학에 '들어갔느냐'에만 관심이 있지, 그렇게 들어간 이들이 현재 무엇을 하고 있으며 어떻게 인생을 준비하고 있는지, 그리고 그 이후로 어떤 인생을 실제로 살았는지에 대해서는 아무런 관심이 없다. 문턱을 넘었느냐에만 관심이 있는 것이다. 이것이 정확한 우리 교육의 현주소다.

'문턱 증후군'

만일 외계인 과학자가 우리나라 사람들의 행태를 관찰하고 난 후 보고서를 작성한다면 아마 이럴 것 같다.

"이 나라의 사람들은 몇 단계의 입시를 위해 모든 정력과 자원들을 소모한다. 청소년은 대학 입시라는 문턱을 넘기 위해 경쟁적으로 공부한다. 대학생은 취업이라는 문턱을 넘기 위해 입사 시험에 올인한다. 직장인은 승진이라는 문턱을 넘기 위해 가정마저 소홀히 하는 경우도 많다."

그리고 틀림없이 여기에 쓴 소리를 한마디 덧붙일 것이다.

"그러나 문턱을 넘어서자마자 준비과정에서 보여줬던 열정과 호기심은 거짓말처럼 싹 사라진다. 마치 그런 것이 아예 없었던 것처럼……."

우리는 이런 현상을 '문턱 증후군(threshold syndrome)' 혹은 '지식 조로증'이라 부를 수 있을 것이다. 문턱 증후군에 걸린 사람들은 열심히 공부를 하기는 하지만 그것은 단지 문턱을 넘기 위한 것일 뿐이다. 인류의 빛나는 지식들은 그들에게 입시를 위한 사지선다형 문제일 뿐이다. 문턱 증후군을 앓고 있는 청소년들은 오로지 대학 입학을 위해 "공자왈 맹자왈"을 외운다. 문턱 증후군 대학생들에게 전공 공부는 학점을 잘 따서 좋은 직장에 취직하기 위한 용도일 뿐이다. 그들은 가장 많은 시간을 입사 시험에 매진한다. 한편 문턱 증후군 직장인은 평소에 지식을 습득해 자신의 업무를 즐기기보다는 시험 '한방'으로 점수를 올리려 한다. 이들 모두에게 지식은 달달 외워야만 하는 지긋지긋한 입시문제일 뿐이다. 문턱 증후군에 걸린 이런 시민들로 구성된 '문턱 사회'는 시민의 생활사에 다양한 문턱들을 더 촘촘히 배치함으로써 시민들의 삶을 더 정교하게 통제하게 된다. 결국 문턱 사회에서 지식은 향유의 대상이 아니라 통제의 수단으로 전락한다. 우리 사회에는 지식의 본질을 왜곡해야만 더 잘 통과할 수 있는 문턱들이 과도하게 많다. 실체가 불분명한 우리 국민의 '교육열'은 그 문턱 넘기에서 오는 심리적 불안감의 또 다른 표출일 뿐이다.

그렇게 입시만을 위해 달려온 우리 아이들이 결과적으로는 자신이 원했던 대학에 입학할 수는 있을 것이다. 하지만 문턱을 넘는 데 너무나 많은 에너지를 소진했는지, 아니면 목표를 다 이뤘다고 생각해서인지, 대부분의 아이들은 대학 입학과 동시에 공부를 중단해버린다. 이는 류현진 선수가 자신의 야구 재능을 특정 구단에 입단하기 위해서만 사용하고 막상 경기에서는 활용하지 않는다는 황당한 설정과 매우 유사하다고 할 수 있다. 매스컴을 비롯한 주변의 시선도 어떤 명문 대학을 갔는가에만 관심을 기울인다. 그 학생들이 지금 성공적인 대학생활을 하는지, 지식의 세계를 마음껏 즐기고 있는지, 미래를 잘 설계하고 있는지에 대해서는 전혀 관심이 없다.

하지만 정작 중요한 것은 문턱을 넘은 순간이 아닌 그 이후다. LA다저스라는 문턱을 넘은 류현진 선수가 자신과 팀을 위해, 그리고 최고의 야구 리그를 즐기기 위해 더 열심히 운동을 해야 하는 사실과 마찬가지다. 그렇지 못하다면 선수로서 그의 삶은 곧 마감될 것이다. 이와 비교할 때 지식을 대하는 우리들의 태도와 행동은 어떤가? 마치 우리는 단체로 문턱 증후군이라는 전염병에 걸린 듯하다. 그런 이들을 그대로 방치하는 우리 사회의 여건도 이런 전염병을 부추기는 원인이 되고 있다.

강의 계획서	
강좌명	○○○
학 습 목 표	그냥 앉아서 듣기만을 원하거나, 학점만 잘 주는 수업을 찾아 돌아다니거나, 조별 활동에서 무임승차를 즐기거나, 보고서를 인터넷으로 뚝딱 만들어내거나, 술값은 잘 내도 책 한 권 살 때는 벌벌 떠는 학생들에게는 별로 도움이 안 되는 수업입니다. 대신 이 중 하나라도 '혐오'하는 학생들에게는 즐거움을 선사하고 싶은 수업입니다.

서울대와 카이스트에서 개설했던 내 강의계획서에는 위와 같은 경고 문구가 명시되곤 했다. 그 때문인지 수강생의 수는 20~30명 내외로 유지되곤 했는데, 학기 중간쯤에 학생들과 맥주 한 잔을 기울이며 연장 수업을 하다 보면 오히려 그런 엄포 때문에 수강을 결정했다는 신통한 학생 몇몇이 꼭 앉아 있었다. 그런 고백을 듣고 있으면 아무리 싸구려 맥주라도 그 순간 세상에서 제일 유쾌한 맥주로 돌변한다. 그렇게 배우려는 열정이 있는 학생들이 많은 학기일수록 수업의 질은 올라가고 나와 학생들은 지식의 향연을 즐긴다.

그러나 세계에서 가장 많은 시간을 공부하며 가장 치열한 입시의 관문을 뚫고 들어왔다는 학생들 중에서 이런 열정을 가진 학생은 많지 않은 것이 요즘 대학의 현실이다. 좀 오래된 일이긴 하지만 세계 석학들로 구성된 서울대 최고자문위원단이 2002년에 서울대생 688명을 대상으로 하루 공부 시간(수업 시간 제외)을 조사한 적이 있었다. 그 결과 '2시간 미만'이라고 응답한 학생이 69%를 차지했고 '전혀 안 한다'라는 응답도 13%나 나왔다. 2005년 서울대 사회발전연구소에서 발표한 통계도 별반 다르지 않았다. 이 조사에서 서울대생의 하루 평균 전공 공부 시간은 2.45시간으로 나타났다. 세계 유수의 대학들과 비교해보면 부끄럽기 짝이 없는 수치다. 가령 미국 스탠퍼드 대학교의 학생들은 하루 평균 8시간을 공부한다(1999년 통계 자료). 그렇다고 우리 수업량이 다른 나라 학생들에 비해 많은 것도 아니다. 스탠퍼드 대학교와 중국의 명문 칭화대의 졸업 이수 학점은 180학점으로 서울대의 130학점보다 훨씬 더 많다. 한마디로 우리의 대학은 학생들이 설렁설렁 공부해도 졸업장은 다 받게 해주는 자비로운 기관이다. 그 많은 시간과 돈, 에너지를 들여 문턱을 넘고 그 우월감(혹은 열등감)에 취해 자신의 본분을 망각한 학생들을 너그럽게 방치하는 곳이다. 그러다 보면 대학 문을 나서야 할 시간이 되고, 취업이라는 또 하나의 문턱이 그들의 올인을 기다린다. 이것이 바로 대학 도서관이 취업 독서실로 변질되는 과정이다. 다수가 이런 전형적인 행동 패턴을 따르기 때문에 우리나라에서는 벼락치기 입시 공부가 비교적 잘 통한다. 우리에겐 지식을 차곡차곡 쌓아서 자기 것으로 만들지 않아도 대학의 문턱, 직장의 문턱, 승진의 문턱을 넘을 수 있는 특이한 구조가 있다.

불안을 전염시키는 '문턱 사회'

왜 이런 사회가 되었을까? 도대체 무슨 이유 때문에 우리 사회가 문턱 증후군이라는 질병에 집단으로 감염되었을까? 입시제도를 비롯한 너무나 복잡한 요소들이 이러한 특유한 지식문화의 구조를 만들어냈을 것이다. 물론 문턱 자체가 나쁜 것은 아니다. 개인에게는 더 나은 사회적 지위를 얻을 수 있는 기회를 제공하고, 사회적으로 올바른 인재를 선발할 수 있는 적절한 시험제도를 두는 것은 오히려 바람직하다고도 할 수 있다. 예컨대 우리에 비하면 입시라고 할 만한 것이 없는 프랑스의 시각으로 보면, 우리 사회가 대학수학능력 시험을 통해 부모의 사회적 계층을 뛰어넘을 수 있도록 한 것은 매우 큰 장점이다. 최근 프랑스의 경제 일간지 〈레제코〉(2014년 4월 7일자)는 대입수학능력시험에서 영어 듣기 평가가 치러지는 우리네 풍경을 묘사하면서 "한국에서는 이 평가를 위해 매년 11월 둘째 주 목요일 오후 1시 5분부터 40분간 비행기 이착륙이 금지되며 경찰도 사이렌을 켤 수 없지만, 이것은 사회적 계층을 넘어설 수 있게 하는 장치"라며 긍정적으로 평가했다.

이러한 현대적 과거제도는 우리의 유교 문화에서 전혀 낯선 것이 아니다. 양반제도가 없어지고 더 많은 교육을 받은 사람들이 엘리트가 되는 사회로 변화하면서 시험제도는 계층 이동을 할 수 있는 우리 사회의 거의 유일한 통로였다. 그 사회에서는 배우는 것 자체가 계몽이었고 희망이었고 동시에 출세였다. 배움의 즐거움이 무엇인지 느낄 겨를도 없이, 배움의 목적이 무엇인지 성찰할 기회도 없이, 그저 배우고 써먹고, 배우고 써먹었다. 인생 한방을 위해서 고시에 매달려야 하는 사회였다.

그런데 문제는 시대가 바뀐 지금에도 많은 이들이 이 한방을 노리고 있다는 점이다. 그리고 그 한방으로 남은 인생이 거의 결정되는 것이 우리 사회의 시스템이 되어버렸다. 그러다 보니 지식을 습득하고 음미하고 활용하는 과정은 오간 데 없고 오직 시험 점수만이 중요해진다. 예전에는 활용이라도 했지만, 지금 지식은 시험만을 위한 지식, 지식을 위한 지식으로 공회전 중이다. 그리고 공부는 즐거움이나 추구해야 할 가치가 아니라 입시 불안감을 해소하기 위한 방어 행위로 전락해 있다. '입시 공부를 하고 있지 않을 때는 인생이 잘못된 길로 가는 것 같다'는 불안감을 경험해보지 않은 청년이 우리 사회에 얼마나 될까?

공부와 관련한 청년들의 불안에 대해 조금 더 생각해볼 필요가 있다. 대체 그 불안의 주체는 누구인가? 물론 청년 자신이라고 대답할 것이다. 하지만 과연 누구의 시선에서 불안을 느끼는지를 곰곰이 따져보면 대답은 달라질 수 있다. 청년이 느끼는 불안은 사실 그의 내면에서 온 것이라기보다는 부모나 주변의 시선에서 기인하는 경우가 많다. 다시 말해, 청년 스스로가 앞날에 대한 주체적 고민을 하는 과정에서 느끼는 적당한 두려움이라기보다는 오히려 부모의 염려가 청년에게 투영된 경우가 더 많을 수 있다는 이야기다. 부모의 걱정을 그의 자식들이 대신 짊어지고 있는 것이다.

물론 모든 부모는 자식이 잘 되기를 바라는 마음으로 온갖 걱정을 하게 마련이다. 하지만 그 부모의 걱정과 조언이 늘 적절하거나 바람직하다고는 말할 수는 없다. 왜냐면 부모의 세계와 청년의 세계는 아주 다르기 때문이다. 청년들이 매일 부딪히고 겪는 세상에서 그들이 가치있다고 생각하는 것들을 부모들은 다 이해하지 못한다. 청년들이 중요하다고 느낀 지식과 가치들에 그분들도 똑같이 공감할 것이리라 기대할 수 없다. 그분들은 그들만의 세상이 있는 것이다.

'칸 아카데미(Khanacademy.org)'를 창설하여 고품질의 수업을 전 세계에 무료로 제공하면서 교육 혁명을 시작한 살만 칸(Salman Khan)은 멀리 떨어져 사는 조카들에게 유튜브를 이용해 수학을 가르쳐주다가 세계에서 가장 많은 방문객을 보유한 비영리 교육 공간을 만들게 되었다. MIT와 하버드 대학교를 졸업하고 투자 분석가를 하다 벌어진 일이다. 자신이 경험한 일상에서 새로운 가치를 발견하고 실천한 경우라 할 수 있다. 그가 만일 부모나 선배의 시선으로 미래를 걱정하고 그들의 인생을 대신 살아주는 사람이었다면, 수억 번의 수업을 향해 가고 있는 칸 아카데미는 생겨나지 않았을 것이다.

'인강'(인터넷강의) 천국인 우리나라에서 칸 아카데미 같은 것이 없다는 사실은 무엇을 말해줄까? 입시 강의로 수십 조 원을 유통하는 온(오프)라인 교육기업의 시선으로는 칸이 발굴한 새로운 가치와 발상은 너무 불편하고 낯선 것일지도 모른다. 물론 우리 중에 그런 생각을 진지하게 해본 사람들이 없지는 않을 것이다. 하지만 칸은 위대한 일을 시작했고 우리는 그렇지 못했다.

불안의 감정도 전염되는 것 같다. 주변 사람의 말투와 표정을 닮듯이 불안도 닮는다. 주변에서 걱정스런 표정과 말투, 그리고 불안한 태도를 많이 경험한 사람들은 그렇지 않은 사람에 비해 더 높은 불안감을 느낄 개연성이 높다. '거울뉴런(mirror neuron)'을 더 연구해보면 불안 전염의 신경 메커니즘도 밝혀질지 모르겠지만, 불안이 전염되는 현상은 주변에서 쉽게 관찰된다. 그러니 내 불안은 말 그대로 온전한 나만의 불안이 아닌 것이다. 이제 자신이 뭔가에 불안해하고 있다면 그것이 정말 자신의 불안인지 아니면 부모의 불안이 전파된 경우인지 잘 구분해봐야 한다.

불안은 수직적으로만 전염되는 것이 아니다. 친구나 선배, 그리고 주변의 여러 멘토들도 불안을 수평적으로 전달하는 주체들이다. 따라서 그들의 불안이 나에게 전파되는 것은 아닌지 매사에 잘 관찰해볼 필요가 있다. 그들이 과도하게 불안해한다면 과감하게 그 고리를 끊어야 할 것이다.

물론 불안에도 진화적 기능이 있다. 불안은 사람으로 하여금 뭔가를 대비하게 만들기 때문에 불안감은 개체의 생존과 번식에 유리하게 작용했을 것이다. 그리고 우리처럼 급변하는 사회 속에서 어느 정도의 불안감은 긍정적 요소가 되기도 한다. 하지만 그 불안이 내 것이 아니라, 수직적 또는 수평적으로 전달된 경우라면, 그 불안은 자신에게 결코 이득이 되지 않는다. 쉽게 말해 전염된 불안감에 자신의 인생을 빼앗기는 경우다.

우리 모두는 불안하다. 하지만 불안은 뭔가를 채운다고 없어지는 것이 아니다. 하나가 채워지면 다른 게 불안해지기 마련이다. 불안이 우리를 더 이상 움츠리게 하지 않는 순간은 그것이 더 위대한 가치들로 대체될 때일 것이다.

이제 '왜'를 가르칠 때

어디 부모만의 문제인가? 선생들도 청년들에게 공부를 해서 좋은 대학에 들어가라고만 가르칠 뿐, 왜 우리가 그런 내용을 배워야 하며, 그렇게 열심히 외운 지식들이 어떤 의미가 있는지 알려주지 않는다. 그러기에는 가르치는 선생도, 배우는 학생들도 너무 바쁘고 마음의 여유가 없다. 치열한 입시 위주의 교육 현실 속에서 일일이 목적이나 의미를 따지다가는 경쟁에서 뒤처질 수 있다는 위기감이 그들을 그저 외우고 요령만 익히는 교육으로 내몰고 있다. 열심히 물고기 잡는 법을 배우고, 남들에게 뒤지지 않을 만큼 많은 물고기도 잡았지만, 정작 그 물고기를 어디에 쓸

지 몰라서 버리는 꼴이 된 셈이다.

명확한 증거가 있다. 경제협력개발기구(OECD)는 회원국을 포함해 세계 65개국 학생 약 50만 명의 학생들을 대상으로 매 3년마다 학업성취도 평가를 실시하여 그 결과를 공개한다. 2013년 통계에 의하면 우리나라 만 15세 학생들의 수학 및 과학 실력은 1~4위로 최상위권을 차지했지만, 수학에 대한 즐거움, 공부 동기, 수학 사용 능력에 대한 믿음, 수학이 직업 선택에 도움을 줄 것이라는 믿음 등에 대해서는 평균 이하의 점수를 받았다. 반면 수학 공부의 스트레스와 불안감 항목에서는 상위권에 속했다. 즉, 우리 아이들은 시험은 잘 보지만 왜 공부를 하는지, 공부를 통해 얻은 지식을 어떻게 활용할 것인지에 대해서는 잘 알지 못하며, 그저 남들에 비해 뒤쳐지는 것만을 두려워하고 걱정한다는 것이다.

흔히 물고기를 잡아주기보다 물고기 잡는 법을 가르쳐주라고 한다. 하지만 이 격언은 우리에게 더 이상 필요하지 않다. 우리 사회는 이미 방법 과잉의 사회이기 때문이다. 온통 잡는 방법에만 매달려 있지, 정작 왜 잡아야 하는지, 어떤 가치가 있는지에 대해서는 궁핍한 사회이다. 그건 물고기나 많이 잡아 온 후에 이야기하자는 식인데, 잡아온 후에는 또 다시 바다로 나갈 뿐이다. 영문도 모른 채 물고기를 잡기 위해서 말이다. 상황이 이렇다보니 물고기 잡는 시험에는 통과하여 양손에는 물고기를 잔뜩 들고 있지만 그것은 결국 버려지고 썩게 된다.

이제는 '왜'를 가르칠 때이다. 가치에 대해 이야기할 때이다. 내가 잡은 물고기가 멋진 요리가 되어 우리의 식탁을 풍성하게 해주고 우리의 식생활을 풍요롭게 해줄 수 있다는 것을 안다면, 우리는 정말 기쁘게 낚시를 즐길 수 있지 않을까? 마찬가지로 우리가 배운 지식이 우리의 삶에 어떻게 영향을 줄 수 있는지 알 수 있다면 출세의 수단으로만 대접받는 현재의 지식 활용법이 달라질 수 있지 않을까? 여기서 잠시 정말 행복한 낚시법과 요리법을 발견한 이들을 먼저 만나볼 필요가 있겠다.

몇 년 전쯤에 서울역 앞의 노숙인들을 대상으로 대학의 인문 강좌가 열린 적이 있었다. 경제적으로 어려운 이들에게 단순히 일자리를 주고 직업 교육을 시키는 것보다는 인문학을 통해 자기 존중감을 심어줄 때 스스로의 삶에 대한 의미를 깨닫고 자립 의지를 확실하게 할 수 있다는 취지에서 시행된 것이었다. 실제로 오랜 노숙 생활로 몸과 마음이 한꺼번에 피폐해진 이들에게 단순히 직업을 알선해주는 것으로는 그들을 자활에 성공하게 하는 것이 쉽지 않다고 한다. 애써 기술을 가르쳐서 직장을 얻어줘도 스스로 삶의 목표를 찾지 못한 이들은 예전의 생활로 돌아가기 일쑤라는 것이다. 반면에 인문학을 통해 스스로 자신의 삶을 돌아볼 기회를 얻은 노숙자들은 그렇지 않은 이들에 비해 더 높은 자활 의지를 갖게 되고, 따라서 자활에 성공하는 비율도 높다는 것이 전문가들의 지적이다.

흔히 인문학 지식은 학생들이나 혹은 머리 좋은 사람들을 위한 것이라고 생각하는 사람이 많은데, 노숙자를 위한 인문학 과정은 지식에 대한 그런 통념을 완전히 뒤집었다. 어떻게 이 역발상이 통했을까? 한국의 클레멘트 코스(Clemente Course)라고 불리는 이 강좌는 미국의 작가이자 교육 실천가인 얼 쇼리스(Earl

Shorris)가 1995년 노숙자나 약물 중독자를 대상으로 플라톤이나 아리스토텔레스 철학 같은 인문학을 교육하면서 얻은 성과를 바탕으로 우리나라에 도입된 것으로, 현재 5개국에 걸쳐 53개 코스로 확산되었다. 이 코스의 창립자인 쇼리스는 이 과정이 성과를 낼 수 있었던 이유가 "인문학을 배움으로써 자신을 존중하게 되고 사물을 새롭게 보는 법을 배우기 때문"이라고 말한다. 그에 따르면, 그런 배움이 있어야만 자신을 근본적으로 개선할 수 있는 힘을 얻을 수 있다. 이 얼마나 옳은 이야기인가! 실제로 그 프로그램을 이수한 적잖은 사람들이 새로운 삶을 살고 있다고 한다. 지식이 인생을 바꾸고 있는 것이다.

실제로 얼마 전 한 방송에서 자신의 경험을 공개한 인문 강좌의 학생은 오랜 노숙 생활을 청산하고 일자리를 얻어 스스로 자활의 의지를 다지고 있었다. 그의 쪽방 책상에는 그가 읽고 감동을 받았다는 책 대여섯 권이 놓여 있었다. 그리고 해맑은 미소로 "예전에는 책이 이렇게 재미있고 삶에 도움이 되는 것인 줄 몰랐다"고 말했다. 몇 권 안 되는 책들이었지만 그 속에서 우리가 배워야 하는 것을 모두 깨달은 이의 모습이었다.

이렇게 지식은 한 사람의 삶을 송두리째 바꿔놓을 수 있는 힘을 가지고 있다. 우리의 삶과는 무관한 죽은 사상이라고 생각했던 고대 철학이 수천 년이 지난 지금 현대를 사는 사람들의 인생을 바꿔놓는 것이다. 이것이 바로 오랜 세월 인류가 축적해온 지식의 힘이자 우리가 고전(classics)이라 말하는 책을 읽는 이유다. 하지만 OECD 국가 중에서 최장의 근무 시간을 자랑하는 우리나라의 직장인들은 당장 그때그때 상황에 대처하기 위해서 업

무에 관련된 정보나 기술을 쉴 새 없이 업데이트하는 것만으로
도 힘에 겹다. 빡빡한 학교 수업과 학원 일정을 좇아 팽이처럼
종종거리는 학생들은 그들 나름대로 학원에서 내준 숙제를 하는
것만으로도 벅차다. 아직도 지식을 문턱을 넘기 위한 수단으로
서 익히는 데만 열중하고 있다.

　하지만 언제까지 이런 사회가 계속되리라고 생각한다면 그것
은 착각이다. 시대는 이미 변하고 있다. 높은 문턱을 넘었다는
이유로 이후의 삶까지 보장받는 시대가 막을 내리고 있다. 대신
세상이 갈수록 복잡해지고 다양해지면서 평생을 지식과 친해지
지 않으면 생존 자체가 위협받는 사회가 되고 있다. 이런 사회일
수록 정보의 양보다는 그 수많은 정보들을 잘 연결할 수 있는 힘
을 기르는 일이 무엇보다 중요하다. 예를 들어 세계적 자동차 회
사인 도요타는 'T자형' 인재를 강조해왔다. 그들은 전문 분야에
깊은 지식을 지닌 동시에 다양한 방면에도 상식이 풍부한 사람
이 결국 성공한다고 말한다. 복잡하고 변화무쌍한 현실에서 새
로운 돌파구를 찾는 힘은 결국 창조적이고 통합적인 상상력과
직관에서 오기 때문이라는 것이다. 이런 현상을 살펴볼 때 우리
사회도 이미 문턱 사회에서 평생의 지식네트워크 사회로 이동하
고 있다고 해야 할 것이다. 그리고 이런 사회일수록 지식의 가치
는 높아지면 높아지지 그 빛이 바래는 일은 없을 것이다. 진정한
전문성은 자신의 좁은 분야에 관한 지식만으로는 결코 배양될
수 없다. 그렇기 때문에 직장인들도 다양한 분야의 교양 지식을
쌓아야만 한다.

　이른바 '고전'은 그러한 지식이 집약되어 있는 보물창고다. 요

즘 유행하는 경제·경영서만 보아도 모두 고전경제학자인 애덤 스미스(Adam Smith)나 현대경제학자인 존 케인즈(John Keynes)에 뿌리를 두고 있으며, 허버트 사이먼이나 대니얼 카너먼(Daniel Kahneman)과 같이 인간의 판단력에 대해 연구한 심리학자들에 크게 의존해 있음을 알 수 있다. 글로벌한 정치·경제 현실에서는 자신의 좁은 전문 분야 외에도 인간과 사회, 문화와 정치, 심지어 철학에 대한 기본적인 이해와 소양을 갖출 필요가 있다. 그것이 바로 정치·경영 전략으로 연결될 수 있기 때문이다. 고전은 그런 전략들의 근원이다.

그런 지식은 인문학에만 머물지 않고 점점 더 그 폭이 넓어지고 있다. 최근 자연과학과 인문학의 경계가 허물어지면서 인간의 기원과 본성, 자연의 법칙과 응용, 사물의 작동 원리, 그리고 우주의 신비가 담긴 자연과학의 지식 또한 우리에게 인간과 사회, 그리고 우주에 대한 또 다른 스케일의 의미를 전해주고 있다. 그리고 점점 더 빠른 속도로 경계가 허물어지고 있는 인문학과 자연과학을 보며 미래에는 인문학과 자연과학의 경계가 없는 지식의 대융합 시대가 도래하리라 예측하는 이들도 있다.

이제 지식을 그저 목적을 이루기 위한 방편으로만 파악해서는 안 되는 시대가 다가오고 있다. 자신이 가지고 있는 지식의 의미를 알고 그것을 적극적으로 활용해야 하는 시대가 된 것이다. 그뿐 아니라 지식에는 우리를 변화시키는 힘이 있다. 앞에서 말한 노숙자들을 위한 인문학 프로그램의 예에서도 알 수 있듯이 어떤 지식을 얼마나 어떤 방식으로 가지고 있느냐는 한 사람의 인생에 분명한 차이를 가져다준다. 그리고 〈지식인마을〉은 지식의 힘을 직접 체험하길 원하는 모든 독자들을 위한 시리즈다.

문턱 사회를 위한 도전장: 〈지식인마을〉 시리즈

이 시리즈의 안내를 맡은 이 책은 바로 문턱 넘기에만 집착해 지식의 진정한 가치와 효용, 그리고 재미를 잃어버린 우리의 상황에 대해 처방전을 준다. 〈지식인마을〉이라는 지식 교양 시리즈가 문턱 증후군을 퇴치하는 일종의 백신 프로그램인 것이다. 또한 자신이 공부한 지식이 쓸모없다고 개탄하는 지식 무력증 환자들을 위한 치료책이기도 하다. 그리고 독자들이 지식의 진정한 의미를 깨닫고 새로운 호기심과 열정을 가질 수 있도록 길을 안내하는 가이드북이다.

〈지식인마을〉의 입구에는 적어도 10%의 사람이 탐험을 기다리고 있다. 여기서 10%란 공부 잘하는 상위 10%가 아니다. 똑똑한 지성인 10%도 아니다. 높은 지위에 있는 10%도 아니다. 역설적으로 그것은 〈지식인마을〉 시리즈가 학력, 직업, 직책, 성별, 나이에 상관없이 놀라운 지식의 세계를 알고 그것을 즐기고 싶은 사람들 모두를 위한 지식 교양서라는 뜻이다. 나는 우리 사회의 각계각층에서 적어도 10%만큼은 그런 열정과 호기심을 가진 사람들이라고 믿고 싶다.

나는 이 책에서 왜 〈지식인마을〉 시리즈를 기획하게 되었는지, 어떻게 구성하게 되었는지, 어떤 저자들이 참여하게 되었는지, 그리고 어떤 측면에서 새롭고 독특한지를 이야기할 것이다.

또한 지식의 초보자들이 〈지식인마을〉을 방문해 그곳의 당당한 주민이 될 수 있는 방법을 함께 찾아볼 예정이다. 마지막으로 지식의 미래와 미래의 지식인에 대해서도 이야기가 될 것이다.

〈지식인마을〉 시리즈에서는 인류의 지성사를 이끌었던 100명의 주연과 500명의 조연들이 등장해 50개의 위대한 질문들에 대해 생생한 토론을 펼친다. 그리고 이런 생생하고 고급스런 토론을 독자들이 몸소 체험할 수 있도록 눈높이가 맞춰져 있다. 이런 〈지식인마을〉의 준공을 위해 지난 9년여간 각 분야의 뛰어난 소장학자 30여 분이 의기투합을 했고 땀을 흘려주셨다. 〈지식인마을〉은 국내외적으로 매우 야심찬 기획이고 도전적인 시도이며 독특한 결과물이다. 이 시리즈의 특·장점은 3장~6장에서 자세히 소개될 것이다. 하지만 무엇보다도 이 시리즈의 가장 중요한 목적은 독자들로 하여금 지적 호기심과 열정을 불러일으켜 이미 도래한 지식 사회를 마음껏 즐길 수 있도록 돕는 데 있다. 호기심과 열정이 있는 사람은 무엇이든 즐길 준비가 되어 있는 사람이다. 자 이제 〈지식인마을〉의 지도를 펼쳐놓고 여행을 준비해보자.

Chapter 2

호기심은 나의 힘
: 호모 쿠리오수스(*Homo curiosus*)

나는 이해가 안 되면 몸이 불편해진다.
— 피터 메더워, 노벨 생리·의학상 수상자

호기심에 대한 호기심

아이의 첫 '왜?'는 신기하고 기특하기만 하다. 하지만 부모는 곧 깨닫게 된다. 그 '왜?'가 일상이 되는 순간, 아이의 입을 틀어막고 싶다는 것을. 우리는 궁금한 것은 참지 못하는 존재들이다.

《호기심 많은 조지Curious George》는 내가 제일 좋아하는 어린이 동화책이다. 이것은 아프리카에서 노란 모자 아저씨에게 잡힌 원숭이 조지가 도시에 와서 펼치는 온갖 모험을 그린 고전적인 동화다. 최근 미국에서는 이 책에 기반한 만화 시리즈를 만들어 어린이들을 매일 즐겁게 하고 있다. 아이들은 자신의 호기심이 조지의 행동을 통해 구현되는 모습을 보고 재밌어한다. 이렇게 자신과 같은 호기심을 가지고 끝도 없이 질문을 하는 동화책의 주인공을 보면서 즐거워하는 아이들의 모습을 보며 나는 어쩌면 이런 호기심이 인간의 본성일 수도 있다는 생각을 하게 되었다. 이런 호기심들이 자라서 위대한 지식인들이 가졌던 학문적 탐구 정신으로 발달하는 것이리라.

그렇다면 호기심은 정말 인간의 본성에 가까운 걸까? 그렇게 말은 했지만 우선 그 호기심의 정체에 대해 짚고 넘어가야 할 것 같다. 우리는 궁금한 것은 잘 참지 못한다. 면역거부반응에 대한 연구로 노벨상을 받은 석학이면서 저명한 과학저술가로도 활동했던 피터 메더워(Peter Medawar)는 한때 "나는 어떤 것이 이해가 안 되면 몸이 불편해진다"고까지 말한 적이 있다. 호기심이 충족되면 우리는 만족감을 느낀다. 알면 즐거워지는 것이다. 평생을 지식 탐구에 매진한 사람들이 주변에 있다면 한번 물어보라. 왜 그런 공부를 하냐고. 여러 종류의 답변이 나올 수 있지만 가장 솔직한 대답은 결국 한마디다. "재밌으니까!"

사실 인간의 호기심은 태어날 때부터 시작된다. 정확히 말하면 엄마 뱃속에서 엄지손가락을 빨고 있을 때부터 시작된다. 인간이 다른 동물, 특히 다른 영장류와 구별되는 것 중 하나는 미숙한 채로 뱃속에서 나와 부모로부터 더 오랫동안 양육을 받는다는 점이다. 그래서 우리 뇌는 외부 환경과의 상호작용을 통해 더 많은 것들을 배우고 채워나간다. 다른 종에 비해 덜 준비된 채로 태어나지만 몇 년 동안의 양육 기간을 통해 생존에 필요한 지식뿐만 아니라 그 이상의 지식도 배운다. 갓 태어난 사슴이 몇 초 내에 풀밭을 뛰어다니는 모습을 본 적이 있을 것이다. 갓 태어난 인간 아기가 수 초 내로 할 수 있는 일이란 그저 "응애" 하고 우는 것뿐이다. 침팬지의 경우에도 한 살만 되면 나무를 자유자재로 탈 정도로 성장한다. 반면 돌잔치의 주인공들은 겨우 혼자 걸음마를 할 정도다. 처음 1년만을 본다면 인간 종(種)은 다른 종들에 비해 유약하기 짝이 없다. 하지만 그 이후부터 우리는 전혀 새로운 길을 걷는다.

우리 종이 왜 이런 생존 전략을 진화시켰는지에 대해서는 여러 이론들이 있다. 그중에서 가장 그럴듯한 설명은 인류의 직립보행과 관련되어 있다. 어느 날 나무에서 내려온 우리 조상은 직립보행을 하게 되었고 그로 인해 출산과 관련된 여성의 해부학적 구조가 달라졌다. 그 변화로 인해 산도(태아가 나오는 길)가 좁아져 더 이상 태아를 자궁 속에서 오랫동안 키울 수 없게 되었다. 머리가 큰 아이는 산도를 빠져나올 수 없기 때문이다. 그래서 인류는 미숙한 상태로 아기를 낳은 후 양육 기간을 길게 하는 방식으로 생활사를 변화시켰다. 안전한 엄마의 자궁 속보다는 비록 위험하고 험난하지만 훨씬 흥미로운 자극들로 가득 찬 바깥 세계를 더 빨리 만나기로 한 것이다. 그렇다고 준비도 없이 세상에 나올 수는 없다. 흥미진진하고 변화무쌍한 자극들을 잘 처리할 수 있는 기본 장치들은 무장하고 나와야 한다. 추론 능력, 언어 능력, 감정 등이 그런 것들이다. 하지만 그런 능력들을 발휘하게 만드는 것은 바로 호기심이다. 호기심은 세상의 수많은 자극에 대한 궁금증을 유발시키는 심리 장치다. 인간의 끝없는 궁금증은 우리를 매우 특별한 종으로 만들었다.

물론 인간의 뇌 용량이 다른 영장류 종들에 비해 커서 그들보다 똑똑하다는 점도 중요하다. 사실 뇌 용량이 왜 그렇게 급격하게 증가했는지에 대해서는 아직 확실한 이론이 없다. 가령 나무에서 내려오는 바람에 자유로워진 한 손을 사용하다가 똑똑해졌다는 설, 큰 집단에서 복잡한 관계를 유지하려다 보니 뇌가 커졌다는 설, 그저 우연히 뇌 용량이 커졌을 뿐이라는 설, 심지어 짝 짓기 상대를 잘 유혹하려다 보니 커졌다는 설도 있다. 하지만 우리가 이 지구상에서 가장 많은 것을 배울 수 있는 종으로 진화했다는 사실은 확실하다.

인간의 지능은 생존에 필요한 지식뿐만 아니라 생존과는 아무런 상관이 없어 보이는 고도로 추상적인 지식까지도 만들어낼 수 있다. 침팬지는 나무에서 발을 헛디디면 바닥에 떨어져 몸을 다칠 수 있다는 사실을 알고 예측도 할 수 있지만, 아이작 뉴턴(Issac Newton)처럼 몇 킬로그램의 물체가 몇 미터의 높이에서 떨어질 때 초당 속도가 어떻게 되는지에 대해서는 전혀 관심도 없고 알 수 있는 능력도 없다. 이런 지식은 자연 세계가 어떤 법칙들에 의해 작동되고 있는지에 관한 것이다. 침팬지와 인간 모두 진화의 산물이지만 오직 인간만이 진화의 원리를 탐구할 수 있다. 이 모든 지식은 기본적으로 호기심에서 비롯된 것이다. 행성은 어떻게 운행하는지, 생명은 어떻게 진화하는지, 물질은 무엇으로 구성되어 있는지를 알기 위해서는 기본적으로 호기심이 발동하지 않으면 안 된다.

말하자면 호기심은 배움을 더욱 재밌고 빠르게 만드는 하나의 심리 장치라 할 수 있다. 뭔가를 새롭게 배울 때를 떠올려보자. 가령, 학교에서 처음으로 덧셈을 배우기 시작한 초등학교 1학년 아이를 생각해보자. 처음에는 스트레스도 있을 것이고 학교에 가야 하는 아침마다 골치가 아플지 모른다. 만일 당신이 설계자라면 이런 어려움을 덜어내기 위해 어떻게 인간을 개조하겠는가? 영리한 자연은 '호기심'이라는 재밌는 장치를 인간의 마음

속에 장착시킨 것 같다. 어렵고 끔찍한 학습 과정이 즐거운 시간으로 변할 수 있게끔 말이다. 이것이 호기심에 대한 나의 호기심이다.

그 많던 호기심은 다 어디로 갔는가?

하지만 아쉽게도 우리나라에서는 이런 호기심들이 초등학생을 기점으로 그 자취를 감춰버리는 것 같다. 중학생만 해도 선생님이 질문을 하라는 말에 행여 눈이라도 마주칠세라 고개를 숙이는 것이 당연한 현실이 되었다. 도대체 모든 부모님과 선생님들을 두려움에 떨게 했던 그 많던 호기심들은 어디로 간 것일까? 나는 그 원인을 앞에서도 언급했던 '왜'가 없는 교육 현실에서 찾는다. 지금의 부모님 세대에도 그렇지만 현재 우리나라 교실에서 이루어지는 교육은 아이들의 '왜?'라는 물음에 제대로 답해주지 못하고 있다. 아이들의 질문에 답을 해주며 가르치기보다는 선생님의 머릿속에 있는 것을 그대로 아이들에게 외우게해서 그것을 바탕으로 사지선다형 문제에 답을 적기만 하는 교육 방식은 교육 현장에서 아이들이 호기심을 갖는다는 것을 금기시하는 분위기만이 팽배하게 만들었다. 현재의 고등학교 현실에서 학생이 자신의 지적 호기심을 드러내려면 여간 용감해서는 안 된다. 옆 친구들의 비아냥이 금방 쏟아지기 때문이다. 우리가 배움의 재미를 채 느끼기도 전에 강요된 입시 공부로 우리들의 호기심은 억눌리고 잊혀졌다.

또한 최근에 불어닥치고 있는 조기 교육 열풍은 호기심이 채 자랄 틈도 주지 않고 무차별적으로 아이들에게 지식의 테러를 가하고 있다. 우리말을 갓 배운 아이들에게 영어를 가르치고 그것도 모자라 선행 학습이라는 이름으로 학원에서 한 학년씩 먼저 진도를 나가기도 한다. 나는 감히 이것을 지구상 어느 곳에서 일어난 것에 비할 수 없는 끔찍한 테러라고 말하고 싶다. 스스로 궁금한 것을 발견하고 그 궁금증을 해결하면서 배우는 즐거움을 박탈당한 채 어른들에게서 억지로 주어진 지식만을 허겁지겁 받아들이며 애어른처럼 변해가는 아이들을 보면 안타까운 마음을 금할 길이 없다. 이런 상황 속에서 어떻게 우리의 아이들이 제대로 된 호기심을 지식에 대한 열정으로 길러갈 수 있다는 말인가?

어른이 되면 세상과 자연, 그리고 인간에 대한 호기심이 메마른다고 생각하는 사람들이 많다. 하지만 그것은 사실이 아니다. 통념일 뿐이다. 호기심은 요람에서부터 무덤까지 우리 곁을 떠나지 않는다. 호기심이 아이들만의 전유물이라 해보자. 그러면 인류가 이룩해놓은 찬란한 문화, 과학, 교육, 종교, 제도, 정치 등은 당장 미스터리로 남을 수밖에 없다. 이 모든 성취가 아이들만의 호기심에서 비롯되었단 말인가? 틀림없이 나이를 먹으면 먹을수록 호기심의 깊이와 폭은 더 커질 것이다. 단지 우리나라에서 벌어지는 특수한 현실이 그 호기심의 발현을 막고 있을 뿐이다.

이런 의미에서 학습서와 아동도서가 출판 시장의 가장 큰 부분을 차지하며 경제·실용서 시장이 성인들에게 가장 크다는 사실은 어쩌면 우리의 본성과는 잘 맞지 않는 왜곡된 상황일지 모른다. 지식 습득과 관련해 차이가 있다면 그것은 현실적으로 어른보다는 아이들이 지식을 습득할 시간적 여유가 더 많다는 점일 것이다. 그리고 아동기와 청소년기에 상대적으로 호기심이 더 왕성할 수밖에 없는 이유는 그때에 집중적으로 지식을 배워야만 그나마 앎의 묘미를 조금이라도 맛볼 수 있기 때문일 것이다. 앎의 세계는 워낙 광대하기 때문에 어른이 되었다고 해서 다 정복될 수 없다. 지식의 샘물은 워낙 풍부하기 때문에 파고 또 파도 흘러넘치게 되어 있다.

물론 억눌려 있거나 잊혀진 호기심을 되살리고 유지·발전시켜줄 또 다른 동인이 필요하다. 나는 그것이 바로 열정(passion)이라 생각한다. 열정은 호기심을 활활 타게 만드는 장작과도 같다. 호기심과는 달리 그것은 기본적으로 우리가 일생을 통해 배우고 익혀야 하는 일종의 태도다. 생존과 짝을 찾기 위한 열정은 누구나 있지만 그 밖의 다른 무언가를 위해 자신의 삶을 던지는 그런 열정은 아무나 갖는 게 아니다. 하지만 다행스럽게도 누구나 배울 수는 있다.

인류의 역사를 여기까지 끌어올린 위인들은 하나같이 그런 열정의 소유자였다. 그들은 우리처럼 호기심을 가진 보통 사람이었지만 우리와는 달리 어려움이 생겼다고 금방 그것을 집어던진 사람들이 아니었다. 그들은 호기심의 사람, 그리고 열정의 사람들이었다. 아니 호기심을 평생 동안 지필 열정을 배운 사람들이었다. 진화론의 창시자인 찰스 다윈(Charles Darwin)은 1838년에 이미 자신의 자연선택 이론을 공책에 끼적거리고 있었지만 그 후 20년씩이나 발표를 미루고 생각을 숙성시켰다. 더욱 놀라운 사실은 그 과정에서 그는 보잘 것 없는 생물인 따개비 연구에 거의 8년가량이나 자신의 삶을 투신했다는 점이다. 그리고 이 대가의 최후 연구 주제는 다름 아닌 지렁이였다! 호기심과 열정의 사람, 그들이 우리의 진정한 영웅이며 인류 역사의 주연들이다. 그들은 인류의 위대한 선생이지만 평생을 학생처럼 살았던 이들이기도 하다.

내가 오늘 뉴턴이 될 수 있는 이유

요즘 서점가를 보면 지식 교양서를 자처하는 수많은 책들이 지식인들의 사상을 반드시 알아야만 하는 의무사항처럼 가장해 우리의 머리를 짓누르고 있다. "우리는 이런이런 고전을 읽어야만 한다…… 이런 정도는 알아야 대학에 갈 수 있다…… 그것도 모르면서 교양이 있다고 할 수 없다…… 이런 것은 꼭 알아야만 한다." 책도 어느새 우리를 가르치는 호랑이 선생님이 돼가고 있는 것 같다.

하지만 나는 "해야 한다"고 말하기 전에 우리가 과연 "할 수 있는" 존재인지를 먼저 생각해보려 한다. 즉 인류가 쌓아온 지식을 공부해야만 한다고 말하기 이전에 과연 우리가 그런 공부를 할 수 있는 존재인지를 잠시 살펴보고 싶다.

다리를 다쳐 목발을 짚고 다니는 아이가 있다. 그런데 엄마는 그에게 100미터 달리기를 20초에 주파할 것을 강요한다고 해보자. 20초는커녕 혼자 완주하지도 못할 그 아이를 나무랄 사람은 아무도 없을 것이다. 비난받을 사람은 아이를 괴롭힌 엄마다. 이렇게 누군가에게 "해야 한다"고 말하기 위해서는 그가 "할 수 있는지"를 먼저 점검해봐야 한다. 뛸 수 없는 사람에게 뛰어야 한다고 강요하는 것은 부당한 요구이기 때문이다.

우리에게 수많은 지식인들의 사상을 알아야 한다고 강요하는 것 역시 목발을 짚고 있는 아이에게 100미터 달리기를 강요하는 것과 마찬가지로 여겨질 수 있다. 우리가 배우는 지식은 인류의 뛰어난 지성들, 가령 뉴턴, 데카르트, 플라톤, 라이프니츠 같은 위대한 지식인들이 생각해낸 것인데, 감히 우리처럼 평범한 사람들이 그런 지식을 습득할 수 있겠는가?

놀랍게도 우리 후손들은 조상들이 쌓아놓은 위대한 지식을 유산으로 물려받는다. 교육이라는 제도를 통해 우리는 지식의 보고를 다음 세대에 전수하기 위해 노력하며, 그 과정에서 우리처럼 평범한 사람들도 그 지식의 상당 부분을 이해하게 된다. 예컨대 1660년대 당시에 전 세계 모든 인류를 통틀어 만유인력의 법칙을 이해하고 있었던 사람은 뉴턴과 그의 당대 과학자들 몇몇 뿐이었을 것이다. 하지만 우리는 지금 중학생 수준에서 그것을 배운다. 즉 'F=ma'가 도대체 무엇을 의미하는지, 그리고 이런 공식들이 어떻게 응용될 수 있는지를 배운다. 아마 뉴턴이 타임머신을 타고 현재 한국의 중학생들을 만나 역학에 대해 토론한다면 이들의 지식에 깊은 인상을 받을 것이다. 물론 우리는 위대한 지성들이 남겨놓은 지적 유산들 중에서 매우 핵심적이고 유용한 것들만을 취사선택하고 단순화해서 배운다. 하지만 인류가 그동안 쌓아온 지식들을 어떤 형태로든 배우고 익힐 수 있다는 것, 그리고 어렸을 때부터 우리가 그것을 실제로 배우고 익힌다는 사실은 부인할 수 없다. 그렇다면 어떻게 이런 일이 가능할까?

인간은 다른 동물과는 달리 교육(education)이라는 새로운 제도를 진화시켰다. 그래서 한 세대에 위대한 지식인이 등장하면 우리는 그(그녀)가 쌓은 지식의 보고를 그냥 썩혀두지 않는다. 물론 그 지식인은 자신의 생각과 이론을 논문, 책, 대화, 강연 등을 통해 당대 사람들에게 전달하겠지만, 그것을 재빨리 배운 당대 교육자들도 일반인들을 위해 가르친다. 이런 '사회적 학습(social learning)'이 동물의 세계에서도 일어날까?

1940년대 영국에서 재미난 현상이 발견되었다. 당시에는 우유를 유리병에 담고 두꺼운 종이나 호일로 뚜껑을 만들어 판매했다. 그런데 어느 때부터인지 박새가 우유병의 뚜껑을 쪼아서 딴 다음에 맨 위에 떠 있는 고소한 지방층을 시식하는 장면이 목격되기 시작했다. 이런 행동은 영국 전역으로 번져나갔다. 마치 어느 반항적인 청년이 청바지를 찢어 입자, 전 세계 남자들이 바지를 찢어 입기 시작한 것과 같이, 새로운 지식이 모방을 통해 사회 속으로 전파되는 듯했다. 박새의 이런 행동은 상당히 빠른 속도로 퍼져 나갔기 때문에 사람들은 박새에게도 유행이 있다고, 또는 지식 전달이 있다고 생각하기 시작했다. 빠르게 퍼진 행동이었기 때문에 유전적인 요인 때문에 발현된 행동이라고는 보기 힘들었다. 하지만 이것을 지식 전파라고 할 수 있을까?

그렇지 않다는 것이 영장류학자들의 일반적 견해다. 원래 박새는 벌레를 잡아먹기 위해 쪼는 행동을 한다. 이 행동은 개체가 성장하면서 시행착오를 거치며 배운 것일 수도 있겠지만, 태어날 때부터 발휘되는 본능적 행동이라고 보는 것이 더 옳을 것이다. 어쨌든 박새에게 쪼는 행동은 전혀 새로울 것이 없다. 그런데 우연히도 그 시기에 우유를 집집마다 배달해주는 새로운 판매 방식이 생겨났다. 박새의 쪼는 본능적 행동이 새로운 기회를 잡게 된 것이다. 이것은 어느 박새의 행동을 다른 박새가 보고 따라하는 식의 '사회적 학습' 과정과는 다르다. 원래부터 그런 행동을 해왔으며, 그것이 결과에 따른 보상을 받음으로써 더욱 강화된 것일 뿐이다. 그래서 우리는 이 박새들의 행동이 지식 전파의 사례라고 해석하지 않는다. 지식 전파라는 것은 다른 개체의 행동을 보고 따라하는 과정에서 생기는, 본능을 넘어서는 사회적 학습의 결과물이어야 한다.

인간과 가장 가까운 사촌 종인 침팬지 사회에서도 우리가 하는 것과 같은 지식 전달 문화는 아직 발견되지 않았다. 야생에서 침팬지의 마음과 행동을 연구해온 최근의 영장류학자들에 따르면, 침팬지는 각 공동체마다 독특한 도구 사용법을 갖고 있으며 그런 '기술'은 다음 세대들로 계속 전수된다. 가령 아프리카 어느 지역의 침팬지들은 흰개미집에 긴 나무 줄기를 찔러 넣고 그 위에 달라붙는 흰개미를 잡아먹는 행동(이른바 '흰개미 낚시')을 즐기는데 반해, 다른 지역에서는 딱딱한 견과류를 평평한 돌에 올려놓고 큰 돌멩이로 (한 손 혹은 두 손으로) 내려쳐 껍질을 깨먹는다. 그런데 흥미로운 것은 어떤 지역에서는 흰개미 낚시만을 하고, 다른 지역에서는 견과류 깨먹기만을 한다는 사실이다. 두 지역에 모두 흰개미와 견과류가 널려 있는데도 말이다. 또한 흰개미 낚시를 하는 침팬지들에게 견과류 깨먹기를 (인간이) 가르쳐서 성공한 경우는 지금까지 보고된 바 없다. 더군다나 습득된 어떤 기술이 인간의 교육과 같은 과정에 의해 다음 세대에 전달된다는 어떠한 확실한 증거도 발견되지 않았다. 만일 침팬지 사회에 '지식 전달'이란 것이 있다면, 그것은 뭔가를 하고 있는 어른 침팬지들의 모습을 아이들이 그저 지켜보다가 결국은 각자의 개인적 학습 능력(시행착오를 통한)을 발휘하여 익히게 되는 경우일 뿐이다. 이것은 모방에 의한 사회적 학습이라고 보기 힘들기 때문에 우리 인간과 같은 지식 전수라고 할 수 없다. 요컨대 둘 간의 차이는 이것이다. 침팬지는 주로 시행착오를 통해 혼자 학습하는 개인 학습자(individual learner)인 반면, 인간은 주로 다른 이들로부터 배우는 사회적 학습자(social learner)라는 사실이다.

사회적 학습자로 진화한 호모 사피엔스 사피엔스는 40억 년의 생명의 전 역사에서 매우 독특한 종의 자리에 올랐다. 즉, 다른 사람과 집단들이 쌓아 놓은 지식을 보고 따라하고 전수해줌으로써 후대로 내려갈수록 지식을 축적할 수 있게 되었고, 이것을 통해 문명(civilization)이라는 것을 이룩할 수 있었다. 인류는 새로운 지식과 기술을 썩히는 법이 없다. 정식으로 따라 배우고, 그럴 수 없는 경우에는 훔치기까지 한다. 하지만 동물의 세계에서 이런 일은 발생하지 않는다. 그들에게도 새로운 행동을 하는 개체들(말하자면, 동물계의 스티브 잡스)이 관찰된다. 하지만 그런 행동들은 다른 개체들에 쉽게 전달되지 않는다. 이것이 바로 오직 인간만이 지식의 축적에 의해서 만들어지는 문명을 가지고 있는 이유이다.

지식의 축적을 촉진시키는 방법으로 인간은 모방을 넘어 가르침(교육)이라는 기법을 개발했다. 우리는 자신이 알고 있는 지식을 매우 적극적으로 가르친다. 학습자가 이해가 안 되면 될 때까지 이런저런 방법을 다 동원해 가르친다. 말과 글은 물론이거니와 그림, 연극, 영화, 음악 등 온갖 것들로 지식을 전달한다. 심지어 모르면 때려서라도 가르친다! 그리고 그것을 어떤 형태로든 기록하고 고치고 첨가해 후세에 물려주고 다음 세대는 그것에서부터 출발해 새로운 지식의 벽돌을 하나 더 얹으려고 노력한다. 이런 전달 및 축적 과정이 있기 때문에 우리 중학생마저도 뉴턴의 물리 법칙과 플라톤의 이데아 이론을 이해하게 되는 것이다.

인간의 언어 재능(language faculty)은 이 과정을 가능하게 만든 가장 중요한 정신 능력이며, 지식의 축적과 전파를 매우 수준 높게 만드는 가장 중요한 수단이다. 그리고 우리가 문자를 발명한 순간, 인간의 진화 경로는 완전히 새로운 단계로 도약하게 되었다. 문자 발명으로 인해, 접촉을 통해서만 구전으로 전달되던 지식들이 시간과 공간을 뛰어넘어 다른 세대로까지 전파될 수 있게 되었다. 그런 의미에서 문자를 통한 학습은 가장 인간적인 (다른 동물은 전혀 할 수 없다는 측면에서) 행위이다.

미국 조지아 주립대학교의 새비지럼버(Sue Savage-Rumbaugh) 교수가 훈련시킨 '칸지(Kanzi)'라는 이름의 보노보(bonobo)는 인간이 쓰는 수백 개의 단어(영어)를 알고 말귀도 잘 알아듣는다. 가령 교수의 지시에 따라 스파게티도 요리할 수 있고, 심지어 컴퓨터 키보드를 이용해 영어 문장을 만들기도 한다. 하지만 그가 만들 수 있는 문장이란 고작 "나 바나나 먹어", "화장실

가”정도다. 다섯 살짜리 꼬마면 “민수는 영희가 철수를 좋아한다고 생각하는 것 같아”와 같은 복잡한 문장을 쉽게 할 수 있는 인간의 경우와는 근본적으로 달라 보인다. 그래서 현대 언어학의 대부인 놈 촘스키(Noam Chomsky)를 비롯한 다수의 언어학자들은 인간의 언어 재능이 동물의 의사소통 능력과는 달리 구조를 가지고 있으며, 침팬지나 보노보에게 아무리 인간의 언어를 가르쳐줘도 그들은 인간이 태어나면서부터 가지고 있는 보편문법(universal grammar)을 도저히 배울 수 없다고 한다.

우리가 이렇게 다른 종들과 달리 지식을 체계적으로 쌓을 수 있다는 사실, 그리고 그렇게 함으로써 다른 종들과 뚜렷하게 구분된다는 사실은 우리가 왜 지식을 쌓아야 하는가에 대한 하나의 이유일 것이다. 우리는 지구상에 존재하는 모든 생물 중에서 그런 방식으로 지식을 쌓아온 유일한 종이며, 그로 인해 엄청난 성공을 거두었다. 이 시리즈에서 만나게 될 수많은 지식인들은 앞선 지식인들이 쌓았던 건물 위에 또 다른 지식의 벽돌을 올려놓은 호기심과 열정의 사람들이다. 이런 의미에서 “만약 내가 (다른 이들보다) 더 멀리 볼 수 있었다면, 그것은 바로 거인들의 어깨 위에 올라섰기 때문”이라던 뉴턴의 고백은 겸양의 표현이었을 뿐만 아니라 명확한 진실이라 할 수 있다.

나는 독자들이 〈지식인마을〉을 여행하며 그들의 사상을 배우는 것에서 그치지 않고 스스로 지식인이 될 수 있을 정도의 열정을 그들에게 배울 수 있었으면 한다. 그리고 여기서 만난 지식인들의 지식 체계 위에 자신의 지식을 쌓아나갈 수 있었으면 좋겠다.

자, 이제 〈지식인마을〉의 탐방을 본격적으로 시작해보자.

Chapter 3

지식인마을의 청사진

나는 자신이 하는 일에 열정과 열광을 보이는 사람들 곁에 있는 것이 성공을 위한
최상의 공식임을 오래전에 깨달았다. 열정보다 더 전염성이 강한 것은 없기 때문이다.

— 라마찬드란(신경과학자, 미 캘리포니아 대학교 교수)

6년간의 교양 암흑기

인류의 역사를 이끌었고, 지금도 우리 삶에 지대한 영향을 주고
있는 위대한 지식인들이 우리 이웃이 된다면 얼마나 멋지겠는
가? 저명한 신경과학자 빌라야누르 라마찬드란(Vilayanur
Ramachandran)이 고백했듯이 "성공을 위한 가장 손쉬운 전략은
그런 사람들 옆에 지내면서 호기심과 열정의 바이러스에 감염되
는 것"일지도 모른다. 이것이 바로 본 시리즈를 구상하게 된 직
접적인 동기다.

　2005년 가을 어느 날, 고급 지식 교양 프로젝트에 관심이 있었
던 몇몇 사람들이 우연히 자리를 함께 하게 되었다. 우리는 모두
우리 사회가 호기심과 열정이 메말라 있다는 데에 동의했다. 그
래서 그것을 되살려줄 수 있는 지식 문화 운동이 필요하다고 생
각했다. 그 과정에서 김영사 편집진과 나는 인류의 역사를 이끈
최고의 지식인들의 질문과 탐구, 사상과 삶, 그리고 지적인 네트

워크 등을 생생하게 보여주는 큰 규모의 지식 교양 시리즈를 함께 구상하게 되었다. 우리는 그것이 중·고등학생을 겨냥한 기존의 논술 시리즈나 대학원생이나 읽을 법한 기존의 사상 시리즈를 넘어서야 한다고 생각했다. 즉, 정직한 질문들을 용감하게 던질 수 있는 사람이라면, 우리 선배들의 지적 화두와 대답들을 기꺼이 배우고 싶은 사람이라면 누구든지 지식의 큰 그림을 그릴 수 있게 하는 새로운 유형의 시리즈여야 한다고 생각했다. 그리고 무엇보다 번역서가 아니라 국내의 전문가들이 집필한 것이어야 한다는 점에 동의했다.

  말라비틀어진 호기심과 열정에 새로운 불을 지필 수 있는 지식 교양서는 어떤 것이어야 할까? 그런데 우리가 제일 먼저 관심을 기울여야 할 것은 건물의 설계도가 아니었다. 그 건물들이 들어설 토양을 살펴보는 것이 첫 번째 할 일이었다. 왜냐하면 아무리 훌륭한 시리즈라도 그것을 소비할 독자들의 상태를 잘못 알고 있다면 소임을 다할 수 없을 것이기 때문이다. 그런 의미에서 우리의 최대 걸림돌은 이른바 '교양 암흑기'였다. 나는 우리 사회에서 사실상의 대학 입시가 시작되고 끝나는 중1부터 고3까지의 6년 동안을 이렇게 부른다. 우리 아이들은 초등학교 6년 동안에는 상대적으로 큰 문제없이 독서를 이어간다. 하지만 중학교 입학 즈음에 내신과 입시를 위한 객관식 문제 풀이와 선행학습에 돌입한 이후 고3까지 문제 풀이 기계로 살아간다. 그리고 이 기간 동안 독서는 사실상 중단된다. 만일 아이가 행여 책읽기를 좋아하고 글쓰기를 즐기게 되면 오히려 부모를 비롯한 주변인들이 잔소리를 하기 시작한다. 그런 책을 읽을 시간이 어디 있느냐고, 그 시간에 수학 문제를 하나라도 더 풀라고, 그런 공부는 대학에나 가서 실컷 하라고 말이다.

게다가 작문과 독서를 한창 연습해야 할 6년 동안의 국어시간은 선생님의 말씀에 밑줄을 치며 정답을 받아 적는 시간일 뿐이다. 좋은 글을 읽고 그것에 대해 토론하고 다양한 시각으로 해석해봐야 할 시기에 우리 아이들은 글의 원저자들도 간혹 틀린다는 사지선다형 국어 문제 풀이에 몰두하고 있다. 독서력과 문장력이 가장 급격하게 향상될 만한 시기에 우리의 아이들은 지적인 퇴보를 경험하고 있는 것이다. 이렇게 길들여진 아이들이 대학에 들어오면 갑자기 달라지는가? 전혀 그렇지 않다. 나는 대학에서 학생들을 가르치는 선생으로서 교양 암흑기의 여파를 그 누구보다 뼈저리게 느끼고 있다.

대학 신입생들이 가장 힘들어하는 과제가 무엇일까? 에세이(수필을 지칭하는 것이 아니라 어떤 주제에 대한 길지 않은 글을 말한다)를 써 내는 과제, 책을 읽고 자신의 생각을 이야기하는 과제, 어떤 주제에 대해 남들과 토론하는 과제, 그리고 공동으로 어떤 프로젝트를 수행하는 과제이다. 교육 선진국에서는 중·고등학교에서부터 일상적으로 이루어지는 교육방식이기 때문에 이런 식의 과제들이 대학에서 특별히 어려울 이유는 없지만, 우리 학생들은 이를 매우 낯설게 느낀다. 대신 정답이 있는 문제들이 주어지면 우리 학생들은 모두 기계적으로 문제를 풀어낸다. 이것들은 모두 교양 암흑기가 만들어낸 부작용들이다.

우리는 이런 현실을 인정해야 했다. 우리의 청년들이 교육의 구조적 결함 때문에 겪을 수밖에 없었던 교양 지체 현상을 따뜻하게 보듬어줘야 했다. 우리는 기획회의, 분석, 조사 그리고 자문 회의 등을 여러 차례 거치면서 〈지식인마을〉이라는 신개념 시리즈를 생각해냈다.

청사진도 없이 제대로 된 건물을 지을 수는 없는 법이다. 용도에 대한 숙고와 장기적 안목 없이 어떤 마을을 설계하고 조성하는 일은 난개발이 되기 쉽다. 비록 〈지식인마을〉은 가상의 지적 공간에 만들어지는 마을이긴 하지만, 뚜렷한 목표 의식과 용도에 대한 숙고, 그리고 장기적 비전 등이 필요하기는 마찬가지다. 지식의 공간을 잘 활용하는 일은 땅(물리적 공간)을 잘 활용해 새로운 도시를 멋지게 만드는 작업만큼이나 중요하다. 마을에 찾아오는 모든 이들이 낯설어 하지 않고 마음껏 보고 느끼며 구석구석 충만한 경험을 쌓을 수 있도록, 우리는 두렵고 떨리는 마음으로 〈지식인마을〉의 밑그림을 그리기 시작했다.

〈지식인마을〉의 기초 : '4I'

"해 아래 새 것이 없다"지만, 기존의 것들을 이리저리 새롭게 조합하면 간혹 참신한 것들이 나오기도 한다. 〈지식인마을〉은 그런 방식으로 만들어졌다. 우리는 〈지식인마을〉의 기초가 될 수 있는 핵심 원칙 혹은 중심 특성을 먼저 세웠다. 이런 작업은 건축으로 치면 중심 기둥을 무엇으로 어떻게 배치할 것인가에 해당된다. 그 기둥들은 영어 알파벳 'I'로 시작하는 네 개의 형용사에 해당된다. 그것은 '학제적(Interdisciplinary)', '통합적(Integrative)',

'상상력이 풍부한(Imaginative)', 그리고 '쌍방적(Interactive)'이라는 단어다. 우리는 이것을 '4I'이 부른다. 혹시 영어 'I'로 시작하는 가장 좋은 단어만 고른 것이 아니냐고 말하는 사람이 있을지 모르겠지만 그것은 아니다. 〈지식인마을〉의 기초를 '4I'로 정한 이유와 구현 방식을 간단히 정리해보면 다음과 같다.

첫째, 〈지식인마을〉은 학제적이어야 한다. 지식의 전모는 분야에 국한되지 않기 때문이다. 이 시리즈는 어떤 한 분야에만 국한된 지식을 전달하지 않고 지식의 거의 모든 분야(인문, 사회, 자연과학, 예술)를 다뤄야 한다. 그동안 국내에 나와 있는 지식 교양 시리즈들은 인문사회 시리즈이거나 자연과학 시리즈였다. 그중에서도 특히 인문사회 시리즈가 주종을 이루고 있고 국내 저작물로서 수준 높은 자연과학 시리즈는 찾아보기 힘들다. 그 이유는 여러 가지가 있겠지만 일반 독자들의 눈높이에서도 자신의 전문 분야를 풀어 설명해줄 수 있는 자연과학 분야의 저자 수가 상대적으로 적기 때문이다. 결국 관건은 학제적 마인드를 갖고 자신의 분야를 친절하게 소개해줄 수 있는 저자들이 누구냐다. 5장에서 좀더 자세히 이야기하겠지만, 우리는 인문사회 분야뿐만 아니라 과학기술 분야의 능력 있는 소장 학자들을 발굴하는 방식으로 이 문제를 해결했다.

한편 우리는 지식의 지형도에 동양과 한국의 지식도 포함시킴으로써 우리가 서 있는 자리에서 전 세계 지식을 바라볼 수 있도록 했다.

이를 위해 우리는 총 50권(인문사회 30권, 과학기술 20권) 안에 인문사회·과학기술 분야에서 뛰어난 업적을 남긴 동서양의 대표 지식인 100명을 촌장(개척자)과 일꾼(계승자)으로 선정했다. 〈지식인마을〉에는 이들 100명의 촌장·일꾼 외에도 대략 500여 명의 이웃 지식인들도 등장시켰다. 그들은 자신의 이름이 쓰인 명패는 없지만 이 〈지식인마을〉의 당당한 주민이다. 그들의 마당에는 지식의 넘나듦을 불가능하게 만드는 높은 담들이 없다. 〈지식인마을〉의 주민은 낮은 울타리들을 넘나들며 이웃집에 노크하기를 즐긴다.

둘째, 〈지식인마을〉은 통합적이어야 한다. 통합성은 앞에서 말한 학제성과 밀접하게 연결되어 있긴 하지만 더 강한 개념이다. 가령 어떤 대학에 100개의 학과가 있다고 해보자. 각 학과는 자기 나름대로의 교과 과정과 시스템을 가지고 있을 것이다. 그런데 만일 이 학과들 중 20개 학과가 '인간의 본성에 대한 입체적 연구'를 하기 위해 학과를 재편하기로 했다고 해보자. 이런 것이 바로 통합적인 접근이다. 여러 분야의 지식을 다루는 정도를 뛰어넘어 몇 가지 큰 틀이나 원리로 지식의 연결성과 일관성을 찾는 것이 통합적 접근이다. 실제로 외국의 몇몇 대학에서는 '통합 생물학(integrative biology)'라는 이름으로 기존의 분자생물학, 발생학, 진화생물학, 세포생물학, 생태학 등을 한데 묶어 생명의 문제를 통합적으로 다루기 시작했다.

이를 위해 〈지식인마을〉은 지식인의 삶과 업적, 그리고 사상을 나열하는 방식을 지양하고 그들이 던진 위대한 질문을 중심으로 이야기를 풀어나가도록 했다. 통상적으로 질문은 여러 분야를 가로질러 달린다. 가령, "왜 우리는 때로 이타적인 행동을 하는가?"라는 물음을 누군가 던졌다고 해보자. 이것은 윤리학자만이 대답할 물음은 아니다. 동물행동학자, 진화생물학자, 종교학자, 인류학자, 심리학자, 경제학자, 심지어 뇌과학자까지 이들 모두가 그 물음의 고객들이다. 그런 궁금증을 온전히 해결하려면 한 분야의 지식만으로는 곤란하다. 하지만 여러 분야의 지식을 그냥 나열한다고 해서 통합성이 생기는 것은 아니다. 각 분야 간의 연결고리들을 찾아야 한다.

물론 이런 통합적 시도는 대단히 어렵다. 하지만 우리는 각 권마다 '지식인 지도'를 그려봄으로써 비록 작지만 의미 있는 지식의 통합을 맛볼 수 있도록 했다. 또한 이례적으로 데카르트를 철학자로 다룬 《데카르트&버클리》와 과학기술자로 다룬 《뉴턴&데카르트》에 동시에 등장시킨 것도 통합을 위한 작은 노력 중하나다. 데카르트는 오늘날의 학문 분류법으로는 도저히 한 군데 갇힐 수 없는 통합적 지식인이었다.

이 시리즈 각 권의 표지에는 주인공인 두 지식인의 이름 앞에 꼭 큰 물음이나 주제가 등장한다. 예를 들어 《다윈&페일리 : 진화론도 진화한다》는 진화론과 창조론의 대립이라는 주제에 초점을 맞추어 생명의 역사를 인간이 어떻게 해석해왔는지 조명한다. 그것이 바로 이 시리즈가 위인전과는 전혀 다른 종류의 책임을 말해준다. 이 책에서는 다윈과 페일리의 일생에 대해 글을 읽는 데 지장이 없을 정도의 필요한 정보만을 제공할 뿐 모든 화제는 진화론에 맞춰져 있다. 그리고 그들을 둘러싼 시대 상황과 학계의 풍토, 그들에게 영향을 끼친 학자들이나 후계자들이 일목요연하게 한눈에 펼쳐진다. 따라서 독자는 기계적으로 위인의 일생과 업적을 외우는 것이 아니라 그들이 당대에 치열하게 고민했던 문제에 직접 부딪히게 된다.

또한 각 책에 들어 있는 〔이슈〕라는 챕터에서는 해당 주제를 현대 우리 사회의 맥락에 적용해 볼 수 있도록 함으로써 〈지식인마을〉의 통합적 성격을 높이는 데 크게 기여하고 있다. 지식이 우리의 현재 삶과 무관하거나 겉돌지 않고 그것과 맞물려 있음을 보여주기 때문이다. 이것도 통합의 한 측면이다.

셋째, 〈지식인마을〉은 상상력이 넘치는 작품이다. 상상력이 없는 작품은 아무리 훌륭한 내용을 담고 있어도 읽는 재미가 없고, 독자에게 영감을 불어넣지 못한다. 지식인은 딱 두 종류다. 유머 감각이 있거나 없거나. 유머 감각이 없는 사람은 그가 아무리 대단한 지식을 만들어냈다 하더라도 그 지식을 함께 공유하고자 하는 사람이 별로 없을 것이다. 글도 마찬가지다. 상상력과 절제된 유머는 딱딱한 지식들을 녹여 말랑말랑하게 만들어준다. 그리고 때로는 추상적이고 흐릿한 개념들을 금방 이해할 수 있도록 해준다. 사실, 세계를 뒤흔든 지식인들 중에는 남다른 유머 감각을 소유한 사람들이 많다. 그들의 유머 감각을 잠시 빌려올 수는 없을까?

〈지식인마을〉은 컨셉 자체가 상상력이 넘친다. 일단 지식인들이 옹기종기 모여 사는 〈지식인마을〉의 초대장을 받아 간단한 소개를 받고, 마을에 들어서 지식인들과 만나 토론을 하는 전체적인 형식 속에 상상력이 자연스럽게 스며 있다(구성에 대한 자세한 소개는 잠시 뒤로 미룬다).

그러나 좀더 내용적으로 상상력을 발휘해보면 어떨까? 학문적인 정확성과 상상력이 공존하기란 생각보다 쉽지 않다. 상상력

이 자연스럽게 발휘될 수 있는 특별한 형식과 공간이 필요할 수
도 있다. 그래서 우리는 〔대화〕라는 챕터를 만들어 저자가 내용
왜곡에 대한 걱정 없이 자유롭게 '가상의 이야기'를 만들 수 있
는 공간을 마련했다. 여기서만큼은 그 어떤 상상이라도 괜찮다.
여기서 독자는 TV 인터뷰를 시청하기도 하고, 메신저 채팅을 엿
보기도 하고 시위 현장에 같이 나가기도 한다. 수백 년 전의 지
식인들이 현대 한국에 와서 선거 유세를 하기도 하고, 지역과 시
대를 뛰어넘어 얼굴을 맞대고 불꽃 튀는 논쟁을 벌이기도 한다.

[대화]의 다양한 예
〈노자&장자〉: 사마천의 〈사기〉가 노자와 장자의 관계를 왜곡했다는 주
장에 대한 TV 인터뷰
〈데카르트&버클리〉: 철학자들의 엽기발랄 채팅방
〈정약용&최한기〉: 유학자들의 21세기 선거유세
〈뒤르켐&베버〉: 뒤르켐, 베버, 버거의 선상 대담

〔대화〕라는 특별한 공간 외에도 저자들은 잘 알려진 소설, 영
화 등에 해당 주제를 적용하거나, 시사적인 예화를 통해 독자의
사고력과 상상력을 자극하고자 했다.
한편 어려운 본문 내용을 좀더 쉽고 친숙하게 전하고, 독자들
의 상상력을 자극하기 위해 각 권마다 다양한 일러스트와 사진
들은 사용했다. 때로 잘 그려진 일러스트 하나는 백 마디의 문장
보다 더 풍부하게, 그리고 정확하게 내용을 전달하기도 한다. 왜
냐하면 '이것이 무엇을 뜻하는 것일까'를 생각해보는 과정에서

독자들의 이해력과 상상력이 증폭되기 때문이다. 일러스트의 중요성은 인지과학 분야에서 최근에 밝혀진 사실이다. 미국 지식인들이 가장 많이 보는 잡지 중 하나인《뉴요커(The New Yorker)》은 그 속에 담긴 일러스트 몇 컷 때문에 구독자를 끌어 모으기도 하지 않는가! 우리는 내용의 풍부함을 전달하는 동시에 독자의 상상력까지도 불러일으킬 수 있는 일러스트를 얻기 위해 수백만 개의 선을 그렸다 지웠다 하기를 반복했다.

마지막으로, 〈지식인마을〉은 쌍방적이어야 한다. 이 시리즈는 마을의 큰길만을 보여줄 뿐 작은 오솔길이나 지름길 혹은 샛길까지 그려줘서는 안 된다. 그것은 독자들이 창조적으로 만들어 가야 할 공간이기 때문이다. 저자는 특정한 지식 내용을 독자들에게 전달하는 데만 급급해서는 안 되고 그런 지식을 만들어낸 위대한 물음과 생각들을 독자 스스로 가져볼 수 있도록 써야 했다. 이를 위해 저자는 지식을 일방적으로 설명하거나 내용을 나열하는 방식을 지양하고 독자에게 질문을 던지고 답을 찾아가는 방식으로 논의를 전개했다. 그럼으로써 지식이 자신의 삶과 연결되어 있는 문제임을 독자 스스로 느끼도록 유도했다.

이처럼 독자들이 지금까지의 내용을 배운 것에 그치지 않고 자신의 삶의 문제, 현실의 문제에 적용해 볼 수 있도록 만든 챕터가 〔이슈〕이다. 〔이슈〕에서는 과거 지식인들의 문제의식이 어떻게 현재에 발전되고 있는지를 확인하고, 그 논의들을 따라가면서 본문 내용들을 잘 이해했는지를 점검해볼 수 있다. 또한 해당 지식인이 지식의 계보에서 어느 위치에 있는지를 보여주는 '지식인 지도', 핵심 개념과 참고 문헌을 친절하게 제시하는 '키워드 찾기', 깊이 읽기' 등으로 구성된 〔에필로그〕를 추가하여 독자들이 더 넓은 지식의 세계로 나아가는 징검다리 역할을 하도록 했다.

이 네 가지 원칙이 독자들에게는 반가운 일일지 모르나 저자 입장에서는 만만한 일이 아니었다. 위의 '4I'가 살아나도록 한 권의 책을 쓴다는 것은 지금까지 저자들이 써오던 방식과 전혀 다른 글쓰기를 요구했기 때문이다. 그래서 우리는 저자들에게 '4I'가 자연스럽게 발현될 수 있도록 하는 좀더 구체적인 가이드라인을 제시하기로 했다. 그것은 위에서도 언급했던 한 권의 책 속에 네 가지의 서로 다른 형식(〔만남〕, 〔대화〕, 〔이슈〕, 〔에필로그〕)의 글쓰기를 하도록 제안하는 일이었다.

우리의 제안을 받아들인 저자들은 이번 글쓰기가 매우 도전적이고 흥미로운 시도라는 점에는 전혀 이의를 제기하지 않았다. 하지만 한 번에 마치 서너 권의 얇은 책을 쓰는 것 같은 힘든 작업이었다고 항의(?)하는 사람들도 적지 않았다. 우리는 그럴 때마다 저자들에게 큰 격려를 보내는 수밖에 없었다. '4I'는 〈지식인마을〉의 지향점이기 때문이었다.

〈지식인마을〉의 네 가지 스타일

'4I'를 구현할 수 있는 새로운 형식은 과연 어떤 것일까? 일단 우리는 위대한 지식인들에 대해 정말로 알고 싶은 게 무엇인가를 적어보기로 했다.

- 그들이 평생 동안 정말로 궁금해 했던 것은 무엇일까?
- 왜 그런 화두를 붙잡게 되었을까?
- 누구의 어떤 사상에 영향을 받았을까?
- 지적인 동지는 어떤 이들이었고 맞수는 누구였는가?
- 그들의 독특한 공부 방법은 무엇이었나?
- 주변 환경, 사생활, 성격 등은 그들의 사상과 어떤 관련이 있을까?
- 그들이 던진 질문이 오늘날에도 여전히 의미가 있는가?
- 그들이 찾은 답은 오늘 우리에게도 적용 가능한가?
- 그들이 실패한 것은 무엇인가?
- 무엇이 그들로 하여금 그런 열정을 갖게 했을까?

　우리 독자들도 지식인의 일대기, 업적, 사상이 나열된 책은 원치 않을 것이다. 그런 것이라면 교과서나 참고서로 족하다. 우리에게 지식에 대한 호기심과 지식인에 대한 마땅한 존경심이 부족한 이유는 어쩌면 우리가 지식을 늘 그런 식으로 주입받았기 때문일 것이다.

　우리의 고민은 이런 것이었다. 어떻게 하면 〈지식인마을〉 주민들의 호기심과 열정으로 독자들을 감염시킬 것인가? 위대한 지식이 정직하고 대담한 질문으로부터 시작된다는 사실을 어떻게 풀어낼 것인가? 지식이 진공 상태에서 툭 튀어나오는 것이 아니라 늘 주변 사상과 지식인의 영향을 받는다는 사실을 어떻게 전달할 것인가? 즉 지식에도 계통이 있다는 사실을 어떻게 설명할 것인가? 지식은 특정 분야에 갇혀 있지 않고 여러 분야에 걸쳐 있다는 사실을 어떻게 하면 잘 보여줄 수 있을까?

우리는 이런 고민을 안고 〈지식인마을〉의 세부 사항들을 채워 가기 시작했다. 그 결과 다음과 같은 몇 가지 독특한 형식이 생겨났다.

첫째, 지식인을 두 명씩 짝지어 한 권의 주인공이 되도록 했다. 이 두 지식인은 계승 관계일 수도 있고 대립 관계일 수도 있으며, 서로 다른 분야의 사람들이지만 영향을 주고받은 관계일 수도 있다. 물론 비판적으로 계승한 관계도 가능할 것이다. 가령 다윈과 페일리의 경우에는 동일한 질문에 상반된 대답을 했다는 의미에서 대립 관계인 반면, 사이먼과 카너먼은 둘 다 인간의 합리성을 재고했다는 측면에서 계승 관계라 할 수 있다. 여기서 두 지식인 사이의 '계승 관계'란 그들이 사제지간이라는 게 아니라 사상을 매개로 이어진 관계란 뜻이다.

둘째, 이 두 지식인의 공통 화두가 무엇인지를 분명히 했다. 즉 어떤 질문들에 답하기 위해 평생을 열정적으로 살았는지를 추적했다. 물론 같은 질문을 던졌지만 서로 다른 답을 내놓았을 수도 있다. 심지어 그런 차이 때문에 평생을 앙숙처럼 지낸 사이도 있을 것이다. 가령, 다윈과 페일리의 경우에는 그 둘의 공통 화두는 '어떻게 이 정교한 생명체가 생겨나게 되었는가?'였다면, 데카르트와 버클리의 경우에는 '어떻게 하면 의심의 여지가 없는 확고한 지식을 얻을 수 있을까?'였다. 이 두 가지 형식을 결합해 우리는 《데카르트&버클리 : 세상에 믿을 놈 하나 없다》와 같은 책 제목을 뽑게 되었다. 즉, 주연들과 그들이 던진 공통된 화두를 전면에 내세우는 구조를 선택했다. 사실 이런 형식의 시리즈는 국내는 물론이고 해외에도 찾기 어려운 매우 독특한 시도다. 대개 한 명의 지식인을 다루는 형식을 취하거나 아니면 지식인을 내세우지 않고 주제만을 내세우는 경우가 많다. 하지만 우리는 지식을 만든 사람과 그 지식 자체가 모두 중요하다는 사실을 반영하려 했다.

셋째, 두 명의 주인공 외에도 그들을 둘러싼 여러 지식인들이 조연으로 등장한다. 지식은 진공 속에 있지 않으며 지식인은 독방에 있지 않기 때문이다. 위대한 질문이 있다면 그것에 답하기 위해 모여든 지식인 네트워크가 반드시 존재한다. 〈지식인마을〉은 지식의 계보와 지식인의 네트워크를 명시적으로 보여주고자 했다. 그래서 본문에 해당되는 [만남] 부분은 크게 다음과 같은 여섯 가지 유형 중 하나가 되도록 했다.

- **유형 1** 한 명의 주인공에 대해 계속 논의하다가 마지막 장에서 다른 한 명의 주인공과의 관계를 보여줌.
- **유형 2** 두 명의 주인공을 거의 같은 분량으로 다룸.
- **유형 3** 두 명이 던진 공통의 화두에 각기 어떤 대답을 내놓았는지를 비교하면서 논함.
- **유형 4** 한 명의 주인공에서 시작된 탐구들이 다른 한 명의 주인공을 통해 어떻게 발전했는지 논함.
- **유형 5** 일단 두 인물을 내세웠더라도 주제에 따라 서너 명의 인물들이 비슷한 비중을 가질 경우 모두 비슷한 분량으로 다룸.
- **유형 6** 두 인물의 연계성이 매우 강할 경우 각 장마다 그들의 삶과 업적을 함께 서술함.

넷째, [만남] 다음에 이어지는 [대화] 부분은 지식의 계보와 지식인의 관계를 담아내기 위한 재기발랄한 형식을 취했다. 저자들은 토론, 인터뷰, 메신저 대화, 시위 현장, 식탁, 강의실, 연극 등과 같은 상황을 설정해 앞에서 논의한 여러 논점들을 정리한다. 이 상황이 단지 허구적으로 꾸며낸 상황일까? 이에 대한 대답은 독자의 몫이다. 어쨌든 독자도 이 대목에서만큼은 자신의 상상력을 십분 발휘해야 할 것이다.

통상적으로 결론이 와야 할 부분에 다소 엉뚱해 보이는 [대화]를 배치한 이유는 무엇일까? 그것은 통상적인 결론은 재미가 너무 없기 때문이다. 결론은 언제나 본문의 반복인 데다가 함축적이어서 읽기가 너무 지겨운 경우가 대부분이다. 우리는 결론이 꼭 '그러므로 이렇다. 따라서 이게 중요하고, 꼭 기억해둬라'라는 식이 될 필요는 없다고 생각했다. 이것은 닫힌 결론이다. 우리는 새로운 상황을 설정함으로써 열린 결론이 되도록 했다. 독자들은 [대화]를 읽으면서 이렇게 고민하게 될 것이다. "이 상황에서 나라면 어떻게 말할까? 나는 이 논쟁에서 누구의 편인가?……"

누군가 "당신이 가장 읽고 싶은 부분은 어디냐?"라고 묻는다면 나는 1초의 망설임도 없이 [대화]라고 대답할 것이다. 그만큼 재밌고 생생하다. 그리고 독특하며 탁월하다. 책을 쓴 저자들도 하나같이 자신의 숨겨진 상상력에 깜짝 놀랐을 정도다. 〈지식인마을〉 시리즈 중 어느 한 권이라도 읽어본 독자들은 이 부분을 읽고 싶어서라도 다른 책의 책장을 넘기게 될 것이다. 재밌는 것을 앞에 두고 참지 못하는 독자라면 [대화]를 먼저 읽고 난 후

〔만남〕 부분을 읽는 것도 나쁘지 않을 것이다. 그렇다고 〔만남〕 부분이 재미없다는 얘기는 아니다. 두 부분은 서로 보완적이면서 전체 메시지를 더 분명하게 이해할 수 있게 해준다.

다섯째, 〔이슈〕도 자랑할 만한 코너 중 하나다. 왜냐하면 우리의 현재 삶과 별로 상관없어 보이는 과거의 지식들이 어떤 형태로 오늘날에도 계속되고 있는지를 분명하게 지적하고 있기 때문이다. 성서도 말하고 있듯이 "해 아래 새 것은 없다." 지식도 변주될 뿐이다. 가령, 데카르트의 인식론은 영화 〈매트릭스(The Matrix)〉(1999)가 우리에게 제기하고 도전하는 철학적 물음의 원조이며, 최근 창조론자들이 의존하고 있는 '지적 설계론'도 따지고 보면 페일리의 시계 논증에 새 옷을 입힌 것에 불과하다.

우리가 과거의 지식인이 창조해낸 과거의 지식을 공부하고 익히는 이유는 그것이 오늘날에도 참이기 때문이라기보다는 그것이 오늘날에도 비슷한 형태로 공명하며 변주되고 있기 때문이다. 이 사실을 명확히 하지 않으면 왜 지금 플라톤을 읽어야만 하는지가 불분명해진다. 20세기의 위대한 철학자 중 한 사람인 앨프리드 노스 화이트헤드(Alfred North Whitehead)는 한때 "서양의 모든 철학은 플라톤 철학에 대한 일련의 해설일 뿐"이라고 말하기도 했다. 생물학자 리처드 도킨스(Richard Dawkins)의 용어를 빌려 표현하면, 지식인은 사라져도 그들이 만든 '모방자(meme)'는 오늘도 살아 있다. 〔이슈〕에선 이 불멸의 모방자, 즉 죽은 지식인의 살아 있는 아이디어에 대해 이야기한다.

여섯째, 지식인 지도, 지식인 연보, 키워드 찾기, 깊이 읽기 등으로 이루어진 〔에필로그〕 부분은 이 책을 읽고 체계적인 공부를 하고 싶은 독자들을 위한 서비스요 디저트다. 여기서 가장 독특한 항목은 '지식인 지도'이다. '지식인 지도'는 책에 등장하는 주요 인물들이 지적으로 서로 어떤 관계에 있는지를 핵심적으로 보여주기 위한 것이다. 책을 읽다 보면 자칫 나무만 보고 숲을 보지 못하는 경우가 있는데, '지식인 지도'는 일종의 줌아웃(zoom out)에 해당된다. 큰 그림을 그려야 하기 때문에 단순화의 위험을 무릅쓰고 주로 네 가지 관계(계승, 비판적 계승, 대립, 타분야 영향)만을 표시했다.

이런 식의 지도는 그 어디에서도 시도된 적이 없는 매우 독특한 창작물이다. 독자들은 자신이 책을 잘 소화했는지를 시험해볼 목적으로라도 이 지도를 활용할 수 있을 것이다. 예컨대 화살표의 형태를 이해하는 데 별 문제가 없다면 이 책의 전체 메시지를 잘 파악하고 있는 경우다. 하지만 그렇지 않다고 해서 실망할 필요는 전혀 없다. 사실 독자는 저자와 다른 견해를 가질 수도 있다. 가령 저자는 지식인 A와 지식인 B의 관계를 대립 관계로 설명했을 수 있지만 어떤 독자들은 대립보다는 비판적 계승이 더 적합하다고 판단할 수 있다. 그리고 결과적으로 독자의 판단이 더 합당할 수 있을 것이다. 우리는 그런 불일치를 경험하는 독자들이 있기를 기대하고 있다. 저자들이 전문가이긴 하지만 때로는 일반 독자들의 해석이 전문가의 그것보다 더 뛰어날 수 있기 때문이다.

우리는 독자들의 반응을 기다릴 것이다. 우리는 모든 저자들이 한데 모여 〈지식인마을〉의 모든 지도들을 서로 맞춰보고 더 큰 지식의 계보도를 만들어볼 수 있는 날을 손꼽아 기다리고 있다. 물론 여러분도 그 자리에 함께 할 수 있을 것이다. 지금 이 글을 읽고 있는 이가 만일 학생이라면 이 〔에필로그〕 부분을 읽지 않은 채로 책장을 덮지 말라. 아주 근사한 레스토랑에서 최고급 요리를 맛있게 먹어본 적이 있는가? 디저트로 나온 달콤한 케이크는? 서비스로 나온 향기로운 커피는? 어떤 경우에는 주요리보다 그 디저트의 맛을 못 잊어 또 한 번 그 레스토랑을 찾은 경험도 있을 것이다. 만일 바쁘다고 디저트를 먹지 않고 레스토랑을 빠져나왔다면 얼마나 후회스러웠을까? 이처럼 디저트가 디저트 이상인 경우가 있다. 우리는 〔에필로그〕가 바로 그런 경우라고 생각한다. 디저트일 뿐이라고 대충 만들지는 않았다. 독자들이 직접 맛을 보면 알 수 있을 것이다. 꼭 이 〔에필로그〕까지 맛보고 다른 책으로 가길 권한다.

〈지식인마을을 어떻게 여행할까?〉

초대

지식인마을의 촌장과 임꺽들로부터 멋진 초대장이 배달된다. 영화, 만화, 노래가사, 문화작품, 일상생활에서 발굴한 생생한 소재로 생생한 경험을 제시하고 두 주인공의 관계, 시대적 배경, 학문적 사조 등 배경지식을 간략하게 설명한다.

만남

드디어 해당 분야의 지식인마을을 일군 주역들을 만나게 된다. 그들은 지금까지 겪어온 파란만장한 삶을 솔직담백하게 이야기하고, 어떻게 그 분야로 나오게 되었는지 설명한다. 두 주인공은 단짝인 경우도 있지만 앙숙도 있고, 스승과 제자일 때도 있다. 그들이 왜 한 지붕 아래 살고 있는지 이해하게 되며 그 과정에서 다른 동료 지식인들도 만난다.

《다윈&페일리: 진화론도 진화한다》

정교한 시계는 뛰어난 시계공의 작품이다. 그렇다면 시계보다 더 정교하고 복잡한 생명체는 누가 설계하고 만들었을까? 신학자 겸 생물학자였던 페일리라는 이러한 의문에서 출발, 창조자 즉, 신이 생명과 자연을 설계했다는 주장을 펼쳤다. 한편, 다윈은 수십 년간의 연구를 통해 자연선택에 의한 진화를 입증했다. 이후 진화론은 생물학과 유전학은 물론 철학과 사회과학, 나아가 사회 전체로도 커다란 변화를 일으키게 된다. 그러나 현대에 이르러 '지적 설계'이라는 창조론이 다시 고개를 들며 정치사회적인 영향력을 점점 확대하는데…… 페일리의 주예론과 다윈의 주예론은 과연 어떻게 노리를 펼쳐 나갔을까?

지화과학에 조예가 깊었던 신학자 페일리가 시계 노승을 통해 창조론을 주장하게 된 배경을 제시된다. 다윈은 처음 페일리의 주장에 감명을 받지만, 비글 호 항해를 통해 진화의 개념에 눈뜬다. 그 후 이십 년간의 연구를 통해 《종의 기원》을 발표하고, 격렬한 논쟁에 휩싸이게 된다.

이 부분에서는 이후 진화론이 진화 과정도 자세히 보여준다. 이기저 유전자의 리처드 도킨스, 진화는 진보가 아니라고 주장했던 스티븐 제이 굴드를 비롯하여 진화론 뒤에 숨겨진 이데올로기를 고발한 리처드 르원틴, 점 펠재, 인간, 로봇으로 모두 기계일 뿐이라고 외쳤던 다니엘 데닛까지 다윈의 후예들이 펼쳐는 흥미진진한 지식 무대미를 풀어놓는다.

한편, 게모르 공터를 괴롭혔던 이유, 논문이 가진 힘, 우리의 뇌가 슈퍼컴퓨터로 진화할 수 없는 이유 등 문화와 정치, 생태학과 과학기술을 종횡하는 진화론의 현주소를 보여준다.

대화	지식인들이 시공을 초월하여 대화를 하기 위해 모였다. 덕담이 오갈 수도 있지만 불꽃 튀는 논쟁이 벌어지기도 한다. 흥미진진한 인터뷰, 치열한 토론이나 장난스러운 재담, 진화통화 같은 다양한 형식의 가상대화를 통해 각 지식인이 지닌 사상의 특징, 차이점, 영향관계 등 요점이 분명하게 드러난다.	영국의 진화생물학자 윌리엄 해밀턴 박사가 운명을 달리했다는 소식에 전 세계에 흩어져 있었던 진화론이 그의 장례식장에 거의 모였다. 이 기회를 빌어 도킨스와 굴드가 다윈의 진정한 후계는 누구인가를 놓고 격론을 벌인다.
이슈	오늘날 우리를 몹시 아프게 하는 수많은 쟁점들은 대개 역사적 뿌리를 갖고 있다. 본문에서 제시된 과거의 지식이 현대인의 문제를 해결하는 데 어떻게 적용될 수 있는가를 살펴본다.	1. 지적 설계 운동은 과학은 있는가? 2. 남자들의 바람기는 유전자 때문인가? 3. 한국에 온 다윈, 그 오역과 오해, 그리고 오용의 역사를 넘어
에필로그 · 지식인 지도	주인공들과 이웃 지식인들과의 관계를 입체적인 일러스트로 도식화하여 해당 분야의 지형도를 한눈에 펼쳐보인다. 계승, 대립, 비판적 계승. 영향 관계를 4가지 종류의 선으로 표현한다.	수세기에 걸친 진화론과 창조론의 지식인 계보를 다양한 상호관계로 한눈에 보여준다.
에필로그 · 지식인 연보	지식인의 생애와 업적에 관한 연보를 나란히 배치하고 역사적, 사회적 배경을 함께 수록하여 공시적인 안목과 공시적인 시각을 함께 제시한다.	다윈과 페일리의 연보
에필로그 · 키워드 찾기	본문에서 나왔던 핵심 개념들을 다시 읽기 쉽게 정리해 준다.	
에필로그 · 깊이 읽기	지식을 한층 심화시킬 수 있도록 관련 서적들을 소개하며, 난이도 및 내용을 소개하여 스스로 카리큘럼을 구성할 수 있도록 한다.	국내에 출간된 진화론 관련 도서들을 소개하며 난이도나 수준, 주로 다룬 쟁점들을 친절하게 설명한다.

Chapter 4

지식인마을의 주민들

모든 서양 철학은 플라톤 철학의 각주에 불과하다.
– 앨프리드 노스 화이트헤드 (철학자)

〈지식인마을〉의 주민 선정 과정

〈지식인마을〉의 기초와 핵심 원칙이 정해진 이후 우리는 본격적으로 설계도를 그려나가기 시작했다. 우선 총 50채의 집을 설계하되, 〈지식인마을〉의 위대한 지식을 창시한 대사상가들이 모인 촌장 마을과 그들의 사상을 계승·발전시켜온 지식인들의 마을인 일꾼 마을로 구분하여 밑그림을 그리기 시작했다. 그리고 촌장 마을은 인문사회 사상가들의 거리인 플라톤 가와 과학발전을 이끈 이들의 거리인 다윈 가로, 일꾼마을 역시 이와 같은 원칙에 따라 촘스키 가와 아인슈타인 가로 좀 더 세분화했다. 이렇듯 〈지식인마을〉 시리즈 총 50권(촌장−30권, 일꾼−20권/인문사회−30권, 과학기술−20권) 속에는 인문사회·과학기술 분야에서 뛰어난 업적을 남긴 동서양의 대표 지식인 100명이 촌장(개척자)과 일꾼(계승자)으로 등장한다(하지만 준공식에서는 아쉽게도 40권만을 만나게 되었다. 그 이유에 대해서는 5장에서 설명할 것이다).

이제 100인의 지식인들을 어떻게 선정했는지부터 살펴보기로 하자.

〈지식인마을〉에 어떤 사람들을 입주시킬 것인지는 매우 고민스런 문제였다. 인간, 사회, 그리고 자연에 대한 우리의 지식에 큰 보탬을 준 사상가들이 너무나 많기 때문이다. 철학자들을 중심으로 뽑아야 할까? 심리학자와 경제학자들도 포함시켜야 하나? 과학자는? 동양의 지식인들도 아울러야 할까? 우리나라의 지식인들은? 죽은 사람들만을 고려해야 할까? 아니면 지금 활동하고 있는 사람들도 포함시켜야 하나?······ 이런 질문들을 던지기 시작하니 100인의 지식인을 고르는 작업 자체가 하나의 커다란 연구 주제가 될 수 있음을 깨달았다. 전부는 아닐지라도 다수의 사람들이 고개를 끄덕일 만한 선발 기준을 대체 무슨 수로 정한단 말인가?

하지만 다행히도 이 작업이 맨땅에서 시작되어야 할 일은 아니었다. 나름대로의 기준을 가지고 위대한 지식인을 선정한 후 그들의 업적과 삶을 다룬 여러 종의 책들이 이미 있기 때문이다. 그 중에서 우리가 참고한 외서로는 《Great Thinkers A-Z》(2004), 《Teaching from Worldly Philosophers》(1996), 《Philosophers: Introducing Great Western Thinkers》(1999) 등이 있고, 국내에 번역되어 나온 책들 중에서는 《서양철학사》, 《생각의 역사》(이른아침, 2005), 《교양으로 읽어야 할 절대지식》(이다미디어, 2004), 《교양》(들녘, 2001), 《소크라테스에서 포스트모더니즘까지》(열린책들, 2004), 《죽은 경제학자의 살아있는 아이디어》(김영사, 2005), 《한국사상 오디세이》(인물과사상사, 2004), 《동양철학에세이》(동녘, 2006), 《과학사신론》(다산, 1999) 등이 있다. 물론

《브리태니커 백과사전》을 비롯한 각종 백과사전, 국내외의 대표적인 교양 시리즈물들도 검토했다. 특히 각 분야의 서울대 교수들이 선정한 〈서울대 권장도서 100권〉도 좋은 참고 자료가 되었다.

그리고 고등학교 교과서에 나오는 주요 지식인 목록도 작성한 후 고등학교 교사들에게 자문을 구하기도 했다. 또한 대학교 1학년이 수강하는 여러 학과의 교양 과목에 주로 등장하는 지식인들도 유력한 후보로 올렸다. 이렇게 한 이유는 고등학생, 대학생, 그리고 일반인들이 본 시리즈의 예상 독자들이기 때문이다.

공신력 있는 해외 기관이나 매체가 발표한 자료도 큰 도움이 되었다. 그중에서 영국의 BBC 라디오, 미국의《타임 (Time)》, 영국의《프로스펙트(Prospect)》등이 선정한 지식인 목록이 특히 중요했다. 2005년 여름 BBC 라디오 4번의 간판 프로그램인 〈당대 (In Our Times)〉에서는 청취자를 상대로 한 가지 흥미로운 온라인 투표를 실시했는데 질문은 "인류의 역사상 가장 위대한 철학자는 누구인가?"라는 것이었다. 물론 범위가 무한정 넓어지는 것

Great Thinkers A–Z에 포함된 지식인들

★색글씨 : 〈지식인마을〉의 주민이 된 지식인

아도르노	**아렌트**	아퀴나스	아리스토텔레스
아우구스티누스	아비센나	에어	베이컨
보드리야르	**보부아르**	베냐민	벤담
베르그송	버클리	보이티우스	브렌타노
버틀러	카뮈	**카르납**	촘스키
처칠랜드	식수	콜링우드	콩트
크레이크	**크로체**	다윈	데이비드슨

들뢰즈	**데닛**	데카르트	데리다
듀이	딜타이	**던스 스코터스**	아인슈타인
푸코	**프레게**	프로이트	**가다머**
괴델	하버마스	하이에크	헤겔
하이데거	**홉스**	**흄**	후설
이리가레	제임스	칸트	키르케고르
크립키	**크리스테바**	쿤	**라이프니츠**
레비나스	루이스	로크	마키아벨리
매킨타이어	마르크스	**맥머리**	**메를로퐁티**
밀	몽테뉴	무어	네이글
네그리	니체	**노직**	**너스봄**
페인	파스칼	퍼스	플라톤
플로티노스	포퍼	**퍼트넘**	**피타고라스**
콰인	롤스	로티	루소
러셀	**산타야나**	**사르트르**	쇼펜하우어
설	세네카	시지윅	싱어
소크라테스	**스피노자**	**테일러**	튜링
비코	베유	화이트헤드	비트겐슈타인
제논			

서울대 권장도서 100권 중 사상, 과학 분야 52권 목록

동양 사상

《삼국유사》(일연)	**《보조법어》**(지눌)	《퇴계문선》(이황)
《율곡문선》(이이)	《다산문선》(정약용)	**《주역》**(작가 미상)
《논어》(공자)	《맹자》(맹자)	《대학-중용》
《제자백가선도》	《장자》(장주)	**《아함경》**(사카무니 붓다)
《사기열전》(사마천)	**《우파니샤드》**(작가 미상)	

서양 사상		
《역사》(헤로도토스)	《의무론》(키케로)	《국가》(플라톤)
《니코마코스 윤리학》(아리스토텔레스)		《고백록》(아우구스티누스)
《군주론》(마키아벨리)	《방법서설》(데카르트)	《리바이어던》(홉스)
《정부론》(로크)	《법의 정신》(몽테스키외)	《에밀》(루소)
《국부론》(애덤 스미스)	《실천이성비판》(칸트)	
《페더랄리스트 페이퍼》(해밀턴 외)		《미국의 민주주의》(토크빌)
《자유론》(밀)	《자본론 1권》(마르크스)	《도덕계보학》(니체)
《꿈의 해석》(프로이트)	《프로테스탄티즘의 윤리와 자본주의 정신》(베버)	
《감시와 처벌》(푸코)	《간디 자서전》(간디)	
《물질문명과 자본주의》(브로델)		
《홉스봄 4부작 : 혁명, 자본, 제국, 극단의 시대》(홉스봄)		
《슬픈 열대》(레비스트로스)	《문학과 예술의 사회사》(하우저)	
《미디어의 이해》(매클루언)		

과학기술		
《같기도 하고, 아니 같기도 하고》(호프만)		《과학고전 선집》
《신기관》(베이컨)	《종의 기원》(다윈)	《이기적 유전자》(도킨스)
《과학혁명의 구조》(쿤)		《카오스》(제임스 글리크)
《괴델, 에셔, 바흐》(호프스태터)		《객관성의 칼날》(길리스피)
《부분과 전체》(하이젠베르크)		《엔트로피》(리프킨)

을 막기 위해 후보군을 어느 정도는 정해준 상태였다. 투표가 있
었던 한 주 동안에 이 웹사이트에 접속한 사람은 무려 30만 정도
로 추산되었는데 그중 3만 명가량이 투표에 참여했다. 그 결과
는 다음과 같다(http://www.bbc.co.uk/radio4/history/inourtime
/greatest_philosopher_vote_result.shtml).

이들은 모두 〈지식인마을〉의 주민증을 얻은 인물들이 되었

다. 또한 이들을 포함한 상위 20명의 철학자들 중에 15명이 우리 〈지식인마을〉의 주민이다. 하지만 BBC 라디오의 목록은 오직 철학자들에 한정되어 있기 때문에 다른 인문사회학자나 과학자들을 포괄하지 못한 한계가 있었다. 《프로스펙트》와 《포린 폴리시(Foreign Policy)》가 2005년 11월에 공동으로 기획한 세계를 움직이는 '100인의 대중 지식인' 선정 목록을 살펴보았다. 이 경우에도 2만여 명의 독자들이 온라인 투표를 통해 선정 작업에 참여했는데 1위에는 미국 MIT의 언어학자 촘스키가 올랐고 이탈리아의 소설가 움베르토 에코(Umberto Eco)와 영국의 진화생물학자 도킨스가 차례로 그 뒤를 따랐다. 〈지식인마을〉의 주민인 철학자 위르겐 하버마스(Jürgen Habermas)는 7위, 윤리학자 피터 싱

상위 20인

1. 카를 마르크스, 27.93%

2. 데이비드 흄, 12.67%

3. 루트비히 비트겐슈타인, 6.80%

4. 프리드리히 니체, 6.49%

5. 플라톤, 5.65%

6. 이마누엘 칸트, 5.61%

7. 토마스 아퀴나스, 4.83%

8. 소크라테스, 4.82%

9. 아리스토텔레스, 4.52%

10. 카를 포퍼, 4.20%

나머지(무순) | 아르투르 쇼펜하우어, 장 폴 사르트르, 바루흐 스피노자, 존 스튜어트 밀, 버트런드 러셀, 토머스 홉스, 쇠렌 키르케고르, 르네 데카르트, 에피쿠로스, 마르틴 하이데거

어(Peter Singer)는 33위, 사회학자 기든스는 39위, 철학자 리처드 로티(Richard Rorty)는 41위, 심리학자 카너먼은 64위에 올랐다.

이 목록의 장점은 철학자뿐만 아니라 다른 분야의 지식인들도 후보 목록에 올렸다는 점이다. 우리에게《이기적 유전자(The Selfish Gene)》라는 책으로 잘 알려진 생물학자 도킨스가 당당히 3위를 차지할 수 있었던 것도 바로 그 때문이다. 하지만 이 목록에서는 생존 인물만이 후보가 될 수 있다는 한계가 있었다.

한편 미국의《타임》은 1999년에 '20세기의 가장 중요한 인물 100인'을 선정했다(http://www.time.com/time/time100/scientist/index.html). 크게 다섯 범주로 나눈 후 각 범주마다 20명의 인물을 선정하는 식이었는데, 이 목록에서 제임스 왓슨(James Watson)과 프랜시스 크릭(Francis Crick), 알베르트 아인슈타인(Albert Einstein), 지그문트 프로이트(Sigmund Freud), 괴델, 케인즈, 루이스 리키(Louis Leakey), 튜링, 루트비히 비트겐슈타인(Ludwig Wittgenstein)이 〈지식인마을〉에 입주했다.

위의 목록들은 전문가의 자문과 수많은 사람들의 참여로 공신력이 높은 경우다. 하지만 서양 사람들이 서양의 지식인들을 대상으로 뽑은 목록이기 때문에 동양의 관점으로는 반쪽짜리에 불과하다. 가령 우리 동양인의 삶에 지대한 영향을 미친 대표적 지식인들은 반드시 포함되어야 한다. 설령 그 지식 전통이 오늘날 호된 비판에 직면해 있더라도 말이다. 동아시아에 사는 우리에게는 더 포괄적인 목록이 필요했다. 이런 목록을 위해 우리는 서울대가 선정한 권장도서의 원저자들 중 일부를 〈지식인마을〉에 초대했다. 예컨대, 공자, 맹자, 노자, 장자가 그들이다. 이들이 대표적인 동양 사상가들이라는 데 이의를 제기할 사람은 없을 것이다.

동양 사상만으로도 우리에겐 충분하지 않다. 아시아의 맥락도 있지만 우리만의 역사도 있기 때문이다. 그래서 퇴계, 율곡, 정약용, 최한기, 신채호, 함석헌을 우리의 대표적 사상가로 선정했다. 과학 분야에서는 우장춘과 석주명을 대표로 뽑았다.

이렇게 여러 목록들을 참고해 〈지식인마을〉의 주민 후보들 200명 정도를 선정한 다음, 그들을 크게 촌장/일꾼 범주와 인문사회/자연과학 범주로 세분화해 배치했다. 플라톤(Platon)이나 데카르트 같은 지식인은 지금으로 치면 수많은 분야에 종사한 학문의 대가들이기 때문에 촌장 그룹에 넣었고, 일꾼 그룹에는 촌장의 유산을 물려받아 자신만의 분야를 새로 개척해간 20세기의 지식인들을 넣었다. 이런 분류법을 택한 이유는 매우 간단하고 분명하다. 지식에는 뿌리가 있고 역사가 있으며 진화가 있다는 사실을 명확히 하기 위해서다. 어쩌면 지식은 생명의 진화처럼 공통 조상에서 가지를 치듯 분화하는지도 모른다.

〈지식인마을〉의 자연과학 마을(다윈 가와 아인슈타인 가)에는 모든 과학의 아버지인 아리스토텔레스(Aristoteles)부터 갈릴레오 갈릴레이(Galileo Galilei), 뉴턴, 앙투안 라부아지에(Antoine Lavoisier), 다윈에 이르는 각 분야의 촌장들과 아인슈타인, 왓슨과 같이 20세기의 과학 혁명을 이끈 일꾼들을 입주시켰다. 이들을 선정하는 작업은 인문사회 마을의 주민들을 결정하는 일보다는 상대적으로 쉬웠다. 왜냐하면 과학에는 각 분야를 이끈 대가들이나 각 분야에 혁명을 몰고 온 지식인의 명단이 상대적으로 분명하기 때문이다.

이쯤에서 혹시 독자들 중에는 아마도 "누구를 어디에 뽑아 넣었는지 우리가 왜 이렇게 시시콜콜 알아야 하나"라고 의문을 제기하는 분이 있을 것이다. 실제로 국내에 나와 있는 유사 시리즈들 중에서 어떤 기준으로 그런 인물이나 주제를 선정했는지를 밝혀놓은 경우는 거의 없다. 게다가 해외의 유수 시리즈의 경우에도 선정 기준에 대해서 특별한 언급이 없기는 거의 마찬가지다.

하지만 독자는 궁금하다. 왜 100인의 지식인 속에 사이먼과 카너먼 같은 심리학자들이 포함되었는지를 알고 싶어한다. 설령 자기는 그 선정 이유에 동의하지 않아도 말이다. 그래서 우리는 가능하면 자세하게 선정 과정을 밝혀 독자들의 궁금증을 풀어주는 게 좋겠다고 생각했다. 만일 독자들이 그 선정 기준에 동의하지 못하겠다고 하더라도 그것 자체로 의미 있는 일이 될 것이라 생각했다. 왜냐하면 독자가 그런 의문을 품는 순간 이미 그는 〈지식인마을〉의 기획에 적극적으로 참여하고 있는 중이기 때문이다. 우리는 모든 독자들이 우리의 목록에 동의할 것이라고는 생각하지 않는다.

이제 200인의 후보 중에서 반을 덜어내는 최종 선정까지는 두 단계가 남아 있었다. 이 과정에서는 각 분야의 전문가들의 도움이 절대적으로 필요했다. 그래서 우리는 〈지식인마을〉의 저자가 되어주실 수 있는 분들과 접촉하면서 우리의 목록을 줄여나갔다. 또한 저자로 참여하신 분들은 아니지만 선정 작업을 흔쾌히 도와주신 여러 선생님들이 계셨다. 특히 성균관대 심리학과의 이정모, 서강대 사회학과의 김경만, 서울대 인류학과의 황익주, 한신대 종교문화학과의 김윤성, 서울대 철학과의 장원재, 서강대 철학과의 서동욱, 경북대 경제통상학부의 최정규, 서울대 미학과의 양효실 선생님을 비롯한 많은 분들이 직간접적으로 많은 조언들을 주셨다.

마지막 단계는 매우 현실적인 고려였다. 과연 국내의 어떤 학자 분이 이런 지식인들을 잘 다뤄주실 수 있을까에 대한 고민이었기 때문이다. 우리에게는 각 지식인들에 대한 전문가면서도 대중의 눈높이로 내려올 수 있는 소장 학자들이 필요했기 때문에 그런 저 자를 찾지 못한 경우에는 아무리 훌륭한 지식인들이라도 100인에 포함시킬 수 없었다. 설령 그런 저자가 있더라도 저자의 최종 승낙 을 우리는 기다려야 했다. 이런 마지막 몇 단계들을 거치는 과정에 서 200인 중 100인의 지식인만이 선정되었다. 스피노자, 밀, 애덤 스미스, 마키아벨리, 장 피아제(Jean Piaget), 콰인, 코페르니쿠스, 원효, 융(Carl Jung) 등은 이 단계에서 합류하지 못한 인물들이다.

이 시점에서 한 가지 꼭 강조하고 가야 할 것이 있다. 그것은 선정 작업을 위한 우리의 구분(인문사회/과학기술)이 결코 본질적 인 구분이 아니라는 사실이다. 그런 구분들은 다분히 역사적인 것이어서 때로는 새로 생기기도 하고 없어지기도 하고 심지어 융 합되기도 한다. 예컨대 17세기만 해도 오늘날 우리가 물리학자라 고 부르는 사람들은 전부 '자연철학자'들이었다. 물리학이 철학 에서 분화하기 이전이기 때문이다. 한편 최근의 과학기술은 인문 사회 분야의 전통적인 주제들에까지 자신의 목소리를 내기 시작 하면서 지식의 융합 가능성을 드러내고 있다. 이런 맥락에서 〈지 식인마을〉의 미래를 책임질 새싹 마을 주민들은 여러 분야의 지 식을 통섭할 수 있는 능력을 지닌 지식인일 가능성이 높다.

이런 지난한 과정을 거쳐 총 100인이 최종으로 〈지식인마을〉 의 입주자가 되었다. 단 문학가와 문학작품을 선정하는 문제는 또 다른 엄청난 작업이기에 문학가는 제외되었다.

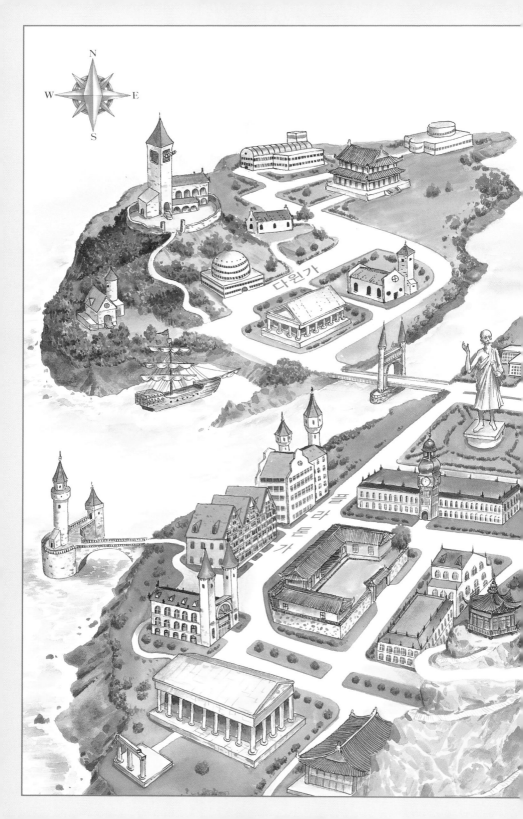

〈지식인마을〉의 주민들은 누구인가?

촌장 마을(총 30채)

지식인의 원류, 〈지식인마을〉의 원로, 대사상가 혹은 창시자, 거대 이론을 제시한 사상가들의 마을로, 인문사회 사상가들이 모여 있는 플라톤 가와 과학의 발전을 이끈 이들이 함께 만든 다윈 가가 있다.

플라톤 가(총 21채)

동서양의 인문사회 사상을 이끈 촌장들이 사는 거리이다. 플라
톤 가의 주민들은 철학은 물론이고 역사, 경제, 사회, 종교 등 여
러 인문사회 분야들을 창시한 대가들로, 각각의 선정 이유와 분
야는 다음 쪽에 간단하게 정리해두었다.

플라톤 가

철학 사상

《공자&맹자》(유학 사상의 뿌리) 《소크라테스&플라톤》(서양 고대 철학의 아버지)

《장자&노자》(도가 사상의 두 원류) 《아우구스티누스&아퀴나스》(서양의 세계관을 만든 신학자)

《퇴계&율곡》(조선 성리학의 완성자) 《홉스&로크》(근대 국가를 탄생시킨 사회계약론자)

《데카르트&버클리》(서양 근대 인식론의 대가) 《칸트&흄》(서양 근대 철학의 완성자)

《정약용&최한기》(조선의 실학 사상가) 《벤담&싱어》(공리주의 윤리학의 창시자와 계승자)

《헤겔&마르크스》(관념론과 유물론의 두 기둥) 《니체&쇼펜하우어》(탈근대 사상의 효시)

《듀이&로티》(미국 프래그머티즘의 대표) 《러셀&비트겐슈타인》(20세기 언어철학의 거장)

《프로이트&라캉》(정신분석학의 창시자와 계승자)

역사학

《랑케&카》(역사의 본질을 물은 역사철학자)

경제학

《케인즈&하이에크》(시장의 본질을 해명한 현대 경제학의 두 거장)

정치·법 사상

《몽테스키외&토크빌》(민주주의 정치학의 뿌리)

사회학

《뒤르켐&베버》(고전사회학의 창시자)

인류학

《보애스&미드》(문화인류학의 창시자)

종교학

《엘리아데&조너선 스미스》(현대 종교학의 두 거장)

다윈 가(총 9채) | 과학의 여러 분야들을 개척한 촌장들이 사는 거리이다. 다윈 가의 주민들은 고대의 자연철학자에서 근대의 생물학자들까지 다양한 배경을 가지고 있는 이들로, 선정 이유와 분야를 간단히 정리하면 다음과 같다.

자연철학	《아리스토텔레스 & 이븐 루시드》(고·중세 서양 자연철학의 아버지)	
	《회남자 & 황제내경》(중국 전통 과학의 근간을 이루는 두 사상서)	
천문학	《갈릴레오 & 케플러》(서양 천문학의 혁명가)	
과학 사상	《베이컨 & 보일》(근대 과학 사상의 아버지)	
물리학	《뉴턴 & 데카르트》(근대 자연철학의 대부)	《패러데이 & 맥스웰》(전자기학의 아버지)
	《퀴리 & 마이트너》(20세기 여성 과학자의 대모)	
화학	《라부아지에 & 프리스틀리》(근대 화학의 효시)	
생물학	《다윈 & 페일리》(진화론의 창시자와 창조론의 완성자)	

일꾼 마을(총 20채)

20세기의 대표적 지식인들이 살고 있는 동네이며, 이곳의 주
민들은 촌장들의 뒤를 이어 〈지식인마을〉을 멋지게 만든 일꾼
들, 다시 말해 현재의 〈지식인마을〉을 이끌어나가고 있는 이들
이다. 그리고 이 마을 역시 촌장 마을과 같이 인문사회 사상가
들이 모여 있는 촘스키 가와 과학자들의 거리인 아인슈타인
가로 이루어져 있다.

촘스키 가(총 9채) | 동서양의 인문사회 사상을 발전시킨 일꾼들이 사는 거리이다. 주로 20세기 지식인들이 입주해 살고 있다. 그래서 촘스키 가의 주민들은 현대 지식계에 막강한 영향력을 끼치고 있다. 선발 이유와 분야를 간단히 정리하면 다음과 같다.

인문사회 사상		
《후설&하이데거》(현상학의 아버지)		《벤야민&아도르노》(현대 예술철학의 거장)
《하버마스&푸코》(인간의 합리성을 파헤친 철학자)		《롤스&매킨타이어》(현대 정치철학의 수장)
《데리다&들뢰즈》(현대 프랑스의 해체주의 철학자)		《신채호&함석헌》(20세기 대표적 한국 사상가)
언어학	《촘스키&스키너》(20세기 언어학의 창시자)	
사회학	《부르디외&기든스》(현대 사회학의 거장)	
심리학	《사이먼&카너먼》(인간의 합리성을 해부한 심리학의 거장)	

아인슈타인 가(11채) | 동서양의 과학 사상을 발전시킨 일꾼들이 살고 있는 거리아다. 아인슈타인 가의 주민들은 20세기를 과학기술 시대로 만든 장본인들로서 우리의 현재 일상에 지대한 영향을 끼친 인물들이다. 선정 이유와 분야를 간단히 정리하면 다음과 같다.

물리학		
《에디슨&테슬라》(20세기의 천재 발명가)		《아인슈타인&보어》(현대 물리학의 혁명가)
《나가오카&유카와》(세계 최고가 된 아시아의 물리학자)		
《하이젠베르크&오펜하이머》(사회적 책임을 놓고 고민한 원자폭탄의 물리학자)		
과학철학	《쿤&포퍼》(20세기의 대표적 과학철학자)	
기술철학	《토플러&엘륄》(20세기 기술문명의 사상가)	
수리논리학	《괴델&튜링》(20세기의 천재 수리철학자)	
생물학	《왓슨&크릭》(분자생물학의 혁명가)	
	《구달&리키》(영장류학과 체질인류학의 효시)	《우장춘&석주명》(한국의 대표 과학자)
천체물리학·과학커뮤니케이션	《세이건&호킹》(천체물리학의 대변인)	

새싹 마을(입주 예정)

새싹 마을의 주민들은 일꾼 마을의 후예들로서 21세기 지식의
발전을 주도할 젊은 인재들이다. 즉 〈지식인마을〉의 새싹이요
미래다. 아직은 입주 전이다.

새 싹 마 을

다윈 가

촘스키 가

촌 장 마 을

일 꾼 마 을

| 100인의 지식인 | (생물 연대 순)

○ 케플러(Johannes Kepler, 1571~1630)
○ 갈릴레오(Galileo Galilei, 1564~1642)
○ 베이컨(Francis Bacon, 1561~1626)
○ 율곡(栗谷, 1536~1584)
○ 퇴계(退溪, 1501~1570)
○ 아퀴나스(Thomas Aquinas, 1225?~1274)
○ 이븐 루시드(Ibn Rushd, 1126~1198)   ○ 나가오카(長岡半太郎, 1865~1950)
○ 아우구스티누스(Aurelius Augustinus, 354~430)   ○ 베버(Max Weber, 1864~1920)
○ 《회남자(淮南子)》(BC 2세기경)   ○ 후설(Edmund Husserl, 1859~1938)
○ 장자(莊子, BC 369~289?)   ○ 듀이(John Dewey, 1859~1952)
○ 맹자(孟子, BC 372?~289?)   ○ 보애스(Franz Boas, 1858~1942)
○ 아리스토텔레스(Aristoteles, BC 384~322)   ○ 뒤르켐(Emile Durkheim, 1858~1917)
○ 플라톤(Platon, BC 427?~347)   ○ 테슬라(Nikola Tesla, 1856~1943)
○ 소크라테스(Socrates, BC 469~399)   ○ 프로이트(Sigmund Freud, 1856~1939)
○ 공자(孔子, BC 552~479)   ○ 에디슨(Thomas Edison, 1847~1931)
○ 《황제내경(黃帝內經)》(BC 8~3세기 추정)   ○ 니체(Friedrich Wilhelm Nietzsche, 1844~1900)
○ 노자(老子, ?~?)   ○ 맥스웰(James Maxwell, 1831~1879)

○ 홉스 (Thomas Hobbes, 1588~1679)
○ 데카르트 (René Descartes, 1596~1650)
○ 보일 (Robert Boyle, 1627~1691)
○ 로크 (John Locke, 1632~1704)
○ 뉴턴 (Isaac Newton, 1642~1727)
○ 버클리 (George Berkeley, 1685~1735)
○ 몽테스키외 (Montesquieu, 1689~1755)
○ 흄 (David Hume, 1711~1776)
○ 칸트 (Immanuel Kant, 1724~1804)
○ 프리스틀리 (Joseph Priestley, 1733~1804)
○ 페일리 (William Paley, 1743~1805)
○ 라부아지에 (Antoine Lavoisier, 1743~1794)
○ 벤담 (Jeremy Bentham, 1748~1832)
○ 정약용 (丁若鏞, 1762~1836)
○ 헤겔 (Georg W. F. Hegel, 1770~1831)
○ 쇼펜하우어 (Arthur Schopenhauer, 1788~1860)
○ 패러데이 (Michael Faraday, 1791~1867)
○ 랑케 (Leopold von Ranke, 1795~1886)
○ 최한기 (崔漢綺, 1803~1877)
○ 토크빌 (Alexis de Tocqueville, 1805~1859)
○ 다윈 (Charles Darwin, 1809~1882)
○ 마르크스 (Karl Marx, 1818~1883)

○ 하버마스(Jürgen Habermas, 1929~)
○ 매킨타이어(Alasdair MacIntyre, 1929~)
○ 왓슨(James D. Watson, 1928~)
○ 촘스키(Noam Chomsky, 1928~)
○ 토플러(Alvin Toffler, 1928~)
○ 푸코(Michel Foucault, 1926~1984)
○ 들뢰즈(Gilles Deleuze, 1925~1995)
○ 쿤(Thomas S. Kuhn, 1922~1996)
○ 롤스(John Rawls, 1921~2002)
○ 사이먼(Herbert Simon, 1916~2001)
○ 크릭(Francis H. C. Crick, 1916~2004)
○ 튜링(Alan M. Turing, 1912~1954)
○ 엘륄(Jacque Ellul, 1912~1994)
○ 석주명(石宙明, 1908~1950)
○ 엘리아데(Mircea Eliade, 1907~1986)
○ 유카와(湯川秀樹, 1907~1981)
○ 괴델(Kurt Gödel, 1906~1978)
○ 오펜하이머(J. Robert Oppenheimer, 1904~1967)
○ 아도르노(Theodor W. Adorno, 1903~1969)

○ 퀴리(Marie Curie, 1867~1934)
○ 러셀(Bertrand Russell, 1872~1970)
○ 마이트너(Lise Meitner, 1878~1968)
○ 아인슈타인(Albert Einstein, 1879~1955)
○ 신채호(申采浩, 1880~1936)
○ 케인즈(John Keynes, 1883~1946)
○ 보어(Niels H. D. Bohr, 1885~1962)
○ 비트겐슈타인(Ludwig J. J. Wittgenstein, 1889~1951)
○ 하이데거(Martin Heidegger, 1889~1976)
○ 카(Edward H. Carr, 1892~1982)
○ 베냐민(Walter Benjamin, 1892~1940)
○ 우장춘(禹長春, 1898~1959)
○ 하이에크(Friedrich von Hayek, 1899~1992)
○ 미드(Margaret Mead, 1901~1978)
○ 하이젠베르크(Werner K. Heisenberg, 1901~1976)
○ 스키너(Burrhus F. Skinner, 1901~1990)
○ 함석헌(咸錫憲, 1901~1989)
○ 라캉(Jacques Lacan, 1901~1981)
○ 포퍼(Karl Popper, 1902~1994)
○ 리키(Louis Leakey, 1903~1972)

○ 데리다(Jacques Derrida, 1930~2004)
○ 부르디외(Pierre Bourdieu, 1930~2002)
○ 로티(Richard M. Rorty, 1931~)
○ 세이건(Carl Sagan, 1934~1996)
○ 카너먼(Daniel Kahneman, 1934~)
○ 구달(Jane Goodall, 1934~)
○ 기든스(Anthony Giddens, 1938~)
○ 조너선 스미스(Jonathan Z. Smith)
○ 호킹(Stephen Hawking, 1942~)
○ 싱어(Peter Singer, 1946~)

Chapter 5

지식인마을을 만든 사람들

외국어 번역서가 차지하는 비중은 점차 늘고 있다. 인문학 출판의 국내적 기반은
약화되는 대신 대외의존도는 갈수록 심화되고 있는 것이다. 다시 말해 연구
'저술-출판-독자'로 순환되는 지식 문화의 생태계가 근저에서 흔들리고 있다.
— 출판계 인문학 선언

어떤 이들이 〈지식인마을〉을 건설했는가?

아무리 설계도가 훌륭해도 그것을 실행에 옮길 일꾼들이 없다면
건물은 절대로 지어질 수 없다. 〈지식인마을〉의 청사진을 그린
우리들의 남은 과제는 건설 노동자를 모으는 일이었다. 누가 이
마을을 건설할 능력이 있는 저자들인가?

우리는 분명한 기준을 가지고 출발했다. 우선 3장에서 언급한
〈지식인마을〉의 기초 '4I'를 실현해줄 수 있는 국내 저자들을 찾
아 나섰다. 주변의 선생님들에서부터 생면부지의 선생님까지,
박사급 저자부터 교수급 저자까지, 비교적 잘 알려진 선생님에
서부터 그렇지 않은 선생님까지, 이미 저서가 여러 권 있는 저자
부터 책은 한 번도 내본 적 없는 선생님까지, 때로는 한 다리를
건너 만나기도 하고 때로는 그들의 작품들(책, 논문, 칼럼 등)을
먼저 읽어보고 연락을 취하기도 하고, 프로필에 끌려 만나기도
했다. 물론 그들은 유명하든 그렇지 않든 자신의 분야에서는 모

두 전문가들이었다. 얼마나 유명한 사람이냐는 우리의 일차적인 기준이 아니었다. 가장 중요한 것은 우리 시리즈의 정신을 이해하고 그것에 부합하는 글쓰기가 가능한 분을 찾는 일이었다.

이런 분들을 검토하기 위해 쌓아둔 관련 자료의 높이가 족히 50센티미터는 될 것이다. 우리는 이 자료들을 바탕으로 한 권의 책에 대해 후보 저자들을 최소 2~3명 정도로 압축한 후 연락을 취해 우리 시리즈의 취지를 설명 드렸다. 능력이 있는 분들은 언제나 뭔가를 열심히 하고 계신 분들이다. "나 한가해요"라고 말하는 분들은 거의 없다. 그러니 그런 바쁜 분들을 설득하는 것은 우리 몫이었다. 우리는 설계도를 갖고 뛰어다녔다.

또 다른 중요한 기준 하나는 되도록 '젊은 저자'를 찾자는 것이었다. 여기서 '젊다'는 단어의 의미는 생물학적 나이를 뜻하기보다는 그 정신이 젊다는 의미다. 젊은 저자들을 찾아 나선 데는 크게 두 가지 이유가 있었다. 하나는 〈지식인마을〉의 기획에 서 알 수 있듯이 이 시리즈의 저자는 글쓰기의 감각이 남다른 분들이어야 하는데 상대적으로 젊은 저자군에 그런 분들이 더 많기 때문이다. 물론 젊은 분들 중에서도 독자의 눈높이까지 내려와 독자와 함께 호흡하는 것을 즐길 수 있는 학자들은 국내에 그리 많지 않다. 그래도 기성학자들에 비하면 상대적으로 좀 더 많은 편이다.

젊은 저자를 선호하게 된 또 다른 이유는 앞의 이유에 비해서 다소 비장하다. 그것은 한국 지식계의 미래를 위해 젊은 학자들이 자신의 분야에서 훌륭한 저자가 될 수 있도록 기회를 주고 격려를 아끼지 말자는 의도다. 매우 불행한 현실이지만, 국내의 젊은 학자들은 학계에서 이런 격려와 배려를 받지 못하고 있다. 책을 쓸 능력이 되고 책을 쓰고 싶은 젊고 유능한 학자들이 뭔가를 할라치면 "네 주제에 무슨……. 건방지게!"라며 핀잔을 주는 촌스런 선배들이 여전히 있다. 게다가 지난 십여 년 동안 한국 학계(특히 인문사회계)의 연구자 평가 항목은 단연 학술연구논문이었다. 반면 단행본은 논문 한 편 정도에 해당하는 가치를 부여받고 그나마 제대로 된 평가를 받을 만한 구조도 마련되어 있지 않다. 이런 상황에서 전도유망한 젊은 학자가 일반인의 눈높이로 내려와 자신의 연구 성과들을 공유하는 일은 그의 학자 인생에 있어서 위험천만한 모험처럼 인식되어 왔다. 물론 최근 들어 학계가 지향하는 가치들이 조금 더 다양해지면서 대중과 소통하는 학자들을 소중하게 여기는 풍토가 생겨나기 시작했지만, 〈지식인마을〉의 저자들은 어쨌든 그 과도기에 있던 분들이다.

학자가 책을 쓰는 일이 과연 튀는 행동일까? 만일 가수가 음반보다 책을 더 많이 낸다고 하면 그것은 튀는 행동일 것이다. 왜냐하면 가수의 일차적 일은 음반을 내고 공연을 하는 것이기 때문이다. 학자의 소명이 무언가를 연구하고 그 성과를 보다 많은 사람들과 공유하는 일이라고 한다면, 학자가 책을 쓰는 일은 튀는 행동이 아니라 지극히 정상적인 활동이며 일종의 의무이기도 하다. 이런 의무가 나이에 따라 달라져야 한다는 논리는 전혀 근거가 없다. 열정과 능력이 겸비되면 누구든 할 수 있는 일이기 때문이다.

이제 하도 들어서 지겹기까지 한 '인문학의 위기, 이공계 기피' 같은 말들은 어쩌면 연구의 성과를 대중들과 나눌 줄 모르는 학계의 풍토와 깊은 연관이 있는지도 모른다. 이런 풍토가 지속된다면 뛰어난 연구 역량과 탁월한 소통 능력을 가진 국내 학자들의 수준 높은 교양 지식을 들을 수 있는 기회는 더 줄어들 것이다. 그리고 이미 그런 수준의 지식을 맛본 독자들은 국내 저서는 외면하고 점점 더 좋은 번역서를 찾아다니게 될 것이다. 이렇게 되면 국내의 지식 문화 생태계는 악순환에 빠지게 된다. 이 악순환의 고리를 끊기 위한 장기적인 포석은 탁월한 연구능력을 가진 동시에 대중과의 소통을 즐길 능력도 갖춘 젊은 저자들을 발굴하고 격려하는 일일 것이다.

우리는 그런 분들에게 멍석을 깔아드리기로 했다. 국내의 복잡한 지식 풍토를 전부 다 고려하고는 있었지만 우리가 저자 분들을 설득했던 논리는 매우 단순했다. 하지 않겠냐고. 해외에서 잘 만들어진 시리즈도 좋은 것들이 많지만 언제까지 그것들을 번역만 하고 있을 거냐고. 우리를 매료시킨 지식, 우리를 사랑에 빠뜨린 지식인을 우리의 언어로 우리나라 독자들을 위해 제대로 소개해주지 않겠냐고.

놀랍게도 우리가 만났던 대부분의 선생님들은 우리의 기획과 취지에 깊이 공감해주셨다. 특히 젊음을 바친 연구로는 대중을 만날 기회가 거의 없었던 것이 섭섭했다며, 〈지식인마을〉이 상실감에 빠져 있던 학자들과 고급 지식에 목마른 대중 사이에 새롭게 놓아주기를 기대했다. 그렇게 해서 처음에 의기투합했던 저자들의 수가 40여 명에 이르렀고 우리는 그분들에게 총 50권의 책을 원래 계획대로 맡겨드렸다. 하지만 원고 작업이 진행되는 지난 몇 년 동안 그분들에게 이러저러한 피치 못할 사정들이 생기게 되었고, 우리 편집진도 그런 위기 상황에 민감하게 잘 대처하지 못했다. 그 여파로 〈지식인마을〉 프로젝트는 전체 규모가 다소 축소된 형태로 총 33인이 쓴 40권의 책으로 마무리되었다. 이번에 빠진 책은 촌장 마을 플라톤 가의 〈플라톤/소크라테스〉, 〈칸트/흄〉, 〈비트겐슈타인/러셀〉, 〈보애스/미드〉, 〈엘리아데/조너선 스미스〉, 일꾼 마을 다윈 가의 〈갈릴레오/케플러〉, 〈베이컨/보일〉, 〈라부아지에/프리스틀리〉, 아인슈타인 가의 〈에디슨/테슬라〉, 〈하이젠베르크/오펜하이머〉, 〈우장춘/석주명〉으로 총 11권이다.

100인의 지식인과 50권으로 기획된 이 프로젝트가 40권으로 축소된 것에 대해서는 책임자로서 안타깝고 독자들에게는 죄송스러울 뿐이다. 특히 그동안 시리즈의 한권 한권을 읽어가며 지식인마을의 완공을 애타게 기다리던 애독자들께 사과의 말씀을 드릴 수밖에 없다. 이후라도 이번에 빠진 11권의 책을 다시 진행해보고 싶은 마음이다.

그렇다고 지금까지 우리가 이 프로젝트를 통해 이룬 몇 가지 성취에 대해 평가절하를 해서도 안 된다고 생각한다. 우리가 해낸 가장 중요한 성취는 순순히 국내 학자들로만 구성된 저자군으로 고급의 지식 교양서 40권이 출간되었다는 점이다. 이는 한국출판의 역사에서 매우 드문 사건이며, 양질의 지식 콘텐츠를 우리가 직접 기획하고 창조해냈다는 더 큰 의미를 담고 있다. 사실 지난 십 년 동안 큰 규모의 출판사들에서 지식 교양서 시리즈를 경쟁적으로 기획하고 진행했지만 당초 계획과는 달리 10권 이상을 넘긴 사례는 매우 드물다. 게다가 〈지식인마을〉처럼 30인 이상의 국내 저자들이 자신의 전공 주제에 대해 40권의 대중서를 낸 것은 그 유래를 찾을 수 없는 사건이라 할 수 있다

(이것은 내부자의 평가가 아니라 출판계 전체의 공통된 평가이다).

　또 한 가지 특기할 만한 사항은 과학기술 분야에 관해 신진 학자들이 〈지식인마을〉에 함께 했다는 사실이다. 아무리 '인문학의 위기'라고들 하지만 인문사회 분야의 필자층이 과학기술 분야의 그것보다 훨씬 더 두텁다는 사실은 모두가 인정하는 바이다. 위대한 과학자의 사상과 삶이 인류의 역사와 현재의 우리 삶에 미친 커다란 영향을 생각해보면, 이런 국내의 현실은 매우 안타까운 것이었다. 우리는 국내외에서 과학기술학(과학사, 과학철학, 과학사회학, 과학 정책 등)을 전공하고 있는 전도유망한 소장 학자들을 설득해 이런 현실에 대한 하나의 돌파구를 찾아보았다. 이분들은 〈지식인마을〉의 다윈 가와 아인슈타인 가를 책임졌고 완벽하지는 못했지만 큰 성과를 이뤘다고 할 수 있다.

　일꾼들을 모집했다고 건물이 금방 올라가는 것은 아니다. 그들의 작업량, 작업의 질, 작업 기간 등을 점검하고 관리하는 악역도 필요하다. 우리 편집진은 그동안 수십 통의 전체 이메일과 수많은 개별 연락, 그리고 받은 원고에 대한 확실한 피드백을 통해 저자들을 괴롭히고 격려하면서 대형 시리즈의 진행 노하우를 얻었다. 작업 계획서(책 구성안)부터 시작해 초고의 일부, 초고 전체, 일차 피드백, 이차 피드백⋯⋯. "이런 독한 편집 과정은 생전 처음"이라고 항의를 받았을 정도다. 저자의 탁월한 글에 감격한 때도 많았지만 더 선명하고 쉬운 표현을 위해 저자들과 머리를 맞댄 경우도 적지 않았다. 심지어 더 나은 내용을 위해 저자와 진지한 토론을 벌인 적도 있었다. 우리는 출간 일정을 잠시 미뤄서라도 이러한 편집 과정을 제대로 지키려 노력했다.

그렇게 해야 하는 이유는 분명했다. 편집자들과의 커뮤니케이션에서 실패한 책은 독자들과의 소통에도 문제가 생길 수밖에 없기 때문이다. 우리는 몇 년 반짝하다가 창고에 쌓이는 그런 시리즈를 위해 이렇게 어려운 일을 시작한 것은 아니었다. 해외의 유수한 지식 교양 시리즈처럼 10년, 20년은 거뜬히 제 몫을 다하는 그런 스테디셀러가 우리의 목표다. 아니, 우리의 야심찬 목표 중 하나는 이 시리즈를 번역하고 해외로 수출해 해외의 독자들도 애독하는 시리즈로 만드는 것이다. 우리의 꿈이 너무 비현실적인가? 몇 년 전만 해도 한국 영화계에도 이런 식의 자격지심이 팽배했었다. 하지만 지금은 상황이 달라졌다. 우리는 이 일도 한번 도전해볼 만하다고 믿는다.

이제 〈지식인마을〉의 건설 노동자들이 땀 흘려 건축한 실제 마을과 거리로 함께 가보자.

촌장 마을

드디어 지식인 마을이 그 위용을 드러냈다. 설계에서 시공, 그리고 오늘의 준공식에 이르기까지 9년이라는 긴 세월이 흘렀다. 비록 원래 설계에 비해 11채가 입주하지 못하는 일이 벌어졌지만 마을 전체의 의미, 구조, 그리고 기능에는 달라진 게 없다. 원래 설계대로 지식인 마을은 촌장 마을과 일꾼 마을로 나뉘고 촌장 마을에는 인문사회 분야의 창시자들이 모여 사는 플라톤 가와 자연과학 분야의 창시자들이 사는 다윈 가가 있다.

플라톤 가는 동서양의 인문사회 사상을 이끈 촌장들의 동네로서 중국철학의 창시자들(공자, 맹자, 장자, 노자)과 조선의 사상가들(이황, 이이, 정약용, 최한기)이 입주했다. 이들은 동양의 근본 사상들이라 할 수 있는 유학, 도가, 성리학, 실학 등을 창시한 지식인들로서 인간의 본성과 통치의 본질, 그리고 자연의 이치와 지식의 의미 등을 탐구한 선구적 사상가들이다.

한편 플라톤 가를 끼고 그 맞은편에는 서양 사상의 창시자들인 아우구스티누스, 아퀴나스, 데카르트, 버클리, 홉스, 로크, 니체, 쇼펜하우어, 벤담, 헤겔, 마르크스, 프로이트, 라캉, 듀이, 로티, 싱어가 입주해 있다(플라톤 가에 정작 플라톤이 빠져 있다는 점이 가장 아쉬운 대목이다. 대신 아리스토텔레스는 이븐루시드와 묶여 자연철학(과학)의 창시자로 분류되었다). 이 동네의 화두는 맞은편 동양 사상의 그것과 사뭇 다른 부분이 있다. 가장 두드러진 것이 신(神)이나 이데아 같은 형이상학적 존재의 등장이다. 서양의 촌장들도 동양의 사상가들과 마찬가지로 인간의 본성, 자연의 상태, 사회와 국가의 본질, 지식과 삶의 의미 등을 화두로 삼았지만 그것은 언제나 신과 피조 세계, 이데아와 현실 세계의 이분법적 틀 내에서 탐구되었다. 그리고 두 동네 사람들 모두가 개인/집단의 구분을 가지고 있었지만, 동양은 주로 집단을 강조한 반면 서양은 기본적으로 개인을 중시해왔다. 물론 시장의 본질에 대해 물은 '케인즈/하이에크', 민주주의의 뿌리를 탐구한 '몽테스키외/토크빌', 그리고 사회적인 것의 본질에 대해 물었던 '뒤르켐/베버'의 경우처럼 서양 사상에서도 '개인/집단'의 주제는 첨예한 논쟁의 대상이었다.

촌장 마을의 다윈 가는 자연철학자들과 근대 과학자들을 가르는 대로라 할 수 있다. 자연철학자 동네에는 아리스토텔레스에서 이븐루시드로 이어지는 서양 자연철학의 효시들과 회남자와 황제내경(인물명이 아님)처럼 중국의 자연철학을 근간을 이룬 두 사상서가 배치되어 있다. 아마 일부 독자들은 아리스토텔레스를 플라톤 가가 아닌 다윈 가에 배치한 것에 대해서 의아해할 수 있겠으나, 자연에 대한 서양인들의 생각이 어떻게 흘러왔는지를 이해하기 위해서는 자연철학자(근대적 의미에서 과학자)로서의 아리스토텔레스를 놓치면 안 된다.

이와 유사한 논리가 근대 과학자 동네에도 적용되었다. 서양 근대 철학의 대가로서 다뤄졌던 데카르트가 이 동네에서도 등장한다. 왜냐하면 근대세계를 만든 과학자 뉴턴이 정말 뛰어넘고 싶었던 인물이 바로 물리학자로서의 데카르트였기 때문이다. 또 여기에는 21세기 과학기술의 토대가 된 전자기학을 만든 두 명의 물리학자(페러데이/맥스웰)도 살고 있다. 특이 사항은 이 동네에 두 명의 여성(퀴리/마이트너)이 입주해 있다는 사실이다. 이들은 지식인 마을에 사는 단 세 명의 여성 주민들 중 둘이다(나머지 한 여성은 일꾼 마을의 아인슈타인 가에 입주한 구달이다). 다윈은 과학자 동네의 이장격으로서 서양 존재론의 근간을 뒤흔들어 놓았다.

각 권의 저자와 핵심 내용을 정리해보면 다음과 같다.

플라톤 가

《유학의 변신은 무죄_공자&맹자》 | 강신주 지음

지난 이천 년간 확고부동한 동양의 중심사상으로 이어져 내려온 유학는 과연 어떤 학문일까? 춘추전국의 혼란 속에 출발한 정치사상이 동양의 중심철학으로 자리잡기까지. 공자와 맹자 등 대사상가들의 치열한 논쟁 속에 끊임없이 변모해온 유학의 참모습을 새롭게 읽는다!

《道에 딴지 걸기_장자&노자》 | 강신주 지음

동양 문화에 면면히 이어져 내려오는 노장사상의 실체는 무엇인가? 수천 년의 오해와 편견을 벗고 현실의 문제를 치열하게 고민한 실천적 철학자로 다시 태어난 장자와 노자. 그들이 시대의 혼란을 극복할 대안으로 제시한 통치 이데올로기와 소통의 논리를 통해 우리 삶의 문제를 되돌아본다.

| 강신주 | 연세대학교 대학원 철학과에서 〈장자철학에서의 소통의 논리〉로 박사학위를 받았다. 현재 경희대, 상상마당 등에서 철학을 강의하고 있으며 출판기획사 문사철의 기획위원으로 활동하고 있다. 저서로는 《상처받지 않을 권리》, 《철학적 시 읽기의 즐거움》, 《김수영을 위하여》, 《철학 vs. 철학》, 《철학이 필요한 시간》, 《감정수업》 등이 있다.

《신앙과 이성 사이에서_아우구스티누스&아퀴나스》 | 신재식 지음

신학이 모든 학문의 여왕이었던 중세를 지나 '과학'이라는 이름의 이성이 시대의 지배자로 등극한 21세기! 과연 신앙은 이성을 어떻게 받아들이고 있으며, 이성은 신앙을 어떻게 인식하고 있을까? 이미 우리사회에서도 익숙한 타자, 오래된 이방인으로 자리잡은 그리스도교의 역사를 통해 현대사회에 다양한 모습으로 재현되고 있는 신앙과 이성의 문제를 새롭게 정립한다!

| 신재식 | 호남신학대에서 신학을 가르치는 목사이다. 서울대학교에서 종교학을, 장신대학교와 미국 드루 대학교에서 신학을 공부했다. 경계선에 머물면서 그 경계를 넘어서는, 신학과 다른 모든 분야의 잡종적 학문 작업에 관심을 갖고 있으며, 신학과 과학, 종교와 과학의 문제를 연구하고 있다.

《조선의 정신을 세우다_퇴계&율곡》 | 조남호 지음

'리(理)'에 대한 서로 다른 해석을 통해 사상적으로 대결하며 조선 철학의 기틀을 확립한 이황과 이이. 그리고 이들의 사상을 계승하며 조선 철학의 이끌어나간 퇴계학파와 율곡학파. 과연 그들이 추구했던 조선의 시대정신은 과연 무엇이었을까? 조선시대를 뒤흔들었던 우리나라 사상사의 최고 논쟁과 조선시대를 대표하는 선비들의 사상을 통해 조선시대 철학의 흐름을 다시 바라본다!

| 조남호 | 서울대학교 철학과에서 박사학위를 받았고, 대만대학교 고등연구원을 방문학자를 지냈으며 현재 국제뇌교육종합대학원대학교에 재직 중이다. 조선철학사에서 어떻게 맥락이 연결되는가에 흥미를 가지고 있으며 동양철학이 현실에 적용되는 한의학에도 관심을 가지고 연구하고 있다.

《국가를 계약하라_홉스&로크》| 문지영 지음

 절대왕정, 봉건적 신분질서와 대립하며 정당한 국가의 기원이 개인들의 자발적 동의에 있다는 주권재민과 근대 자유주의 사상의 토대를 마련한 홉스와 로크. 이후 현대에 들어서 파시즘, 나치즘과 같은 주권독재와 신자유주의, 아시아적 가치론과 같은 다양한 형태로 변주되어 나타나고 있는 그들의 정치사상을 통해 아직도 개인과 국가 사이의 대립이 계속되고 있는 우리의 현실을 되돌아본다!

| 문지영 | '자유'의 의미에 대한 사상적, 종교적 탐색의 과정을 한동안 거친 후 최근에는 한반도의 구체적인 역사적 맥락 속에서 '자유'의 조건과 능력을 찾고, 추구하는 데 관심을 기울이고 있다. 이화여대 정치외교학과를 졸업하고, 서강대 정치외교학과 대학원에서 석박사 학위를 취득했다. 현재는 서강대, 중앙대 등에서 정치철학과 한국정치사상, 여성과 정치 등을 강의하고 있다.

《세상에 믿을 놈 하나 없다_데카르트&버클리》| 최훈 지음

우리가 믿는 것이 진짜라는 걸 어떻게 알 수 있을까? 확실한 지식을 찾기 위해 모든 경험과 생각에 끝없이 딴지를 걸고, 생각하

는 '나'의 존재만 확신한 데카르트, 물질은 존재하지 않지만 그것을 느끼는 경험은 존재한다는 버클리. 누구나 당연하게 여기는 상식에 의문을 제기하며 사고력의 기초를 다지는 인식론을 통해 철학적 사고란 무엇인지, 논리의 기초는 무엇인지 다시 생각해본다.

| 최훈 | 서울대학교 철학과와 대학원을 졸업하고 강원대학교 교수로 있다. 서울대학교 철학사상연구소 선임연구원, 세종대학교 초빙교수, 호주 멜버른 대학교 초빙학자, 캐나다 위니펙대학교 초빙학자를 지냈다. 마음, 논리, 과학 등의 주제에 대해 주로 연구하고 있다. 저서로는 《논리는 나의 힘》,《철학자의 식탁에서 고기가 사라진 이유》 등이 있다.

《실학에 길을 묻다_정약용&최한기》| 임부연 지음

부조리한 현실을 외면한 채 공허한 논쟁에만 빠져 있던 성리학을 비판하며 유교 경전에 대한 새로운 해석과 서구 자연과학 대한 열린 마음으로 독자적 학문의 세계를 펼쳐나간 정약용과 최한기. 실용과 실천의 학문, 세상과 소통하는 대동의 사상으로 혼란의 시대를 개척해나가는 동시에 삶과 사회의 개혁을 꿈꾸었던 그들의 사상을 통해 이 시대를 위한 새로운 학문과 인간형을 모색해본다.

| 임부연 | 서울대학교 종교학과에 입학하여 학부와 대학원 과정을 마치고, 2004년 〈정약용의 수양론 연구〉라는 박사학위 논문으로 다산학술재단에서 주는 우수논문상으로 받았다. 서울대학교와 상지대학교에서 〈세계종교입문〉

〈종교와 인간〉 등의 종교학 교양과목을 강의하고 있으며, 저서로는 주희의 청년기 사상을 다룬 《스승 이통과의 만남과 대화: 연평답문》(공저)이 있다.

《매사에 공평하라_벤담&싱어》| 최훈 지음

도덕적으로 올바른 행위란 어떤 것인가? 정의로운 사회의 기준은 과연 무엇인가? 실천을 통해 자신의 철학을 완성한 공리주의의 창시자 제러미 벤담, 이 시대의 가장 영향력 있고 논쟁적인 철학자 피터 싱어. 생명 윤리에서 인권 문제, 사회적 불평등 해소, 동물해방까지, 이들이 현대 사회에 던지는 도발적인 문제 제기와 날카로운 통찰을 통해 공정한 사회에 대한 기준을 다시 생각해본다.

《역사를 움직이는 힘_헤겔&마르크스》| 손철성 지음

인류의 역사는 과연 어떤 방향으로 움직이며, 그 원동력은 무엇인가? 과연 우리는 어떤 시각으로 인류의 역사를 바라보고, 미래를 전망해야 하는 것일까? 처음으로 인류의 역사에 철학이라는 잣대를 들이댄 칸트, 헤겔, 마르크스의 사상을 토대로 21세기를 살아가는 우리는 어떤 철학적 기준을 가지고 인류의 역사를, 우리의 미래를 조망해야 하는지, 그 치열한 쟁점 속으로 들어간다.

| 손철성 | 서울대학교 철학과 졸업. 같은 대학원에서 유토피아에 대한 철학적 탐구를 주제로 철학박사학위를 받고, 사회철학 및 역사철학, 사회윤리를 연구하고 있다. 서울대 철학사상연구소 선임연구원, 국민대 교양학부 강의전담교수, 한국철학사상연구회 논리연구실 기획위원을 역임했다. 현재는 경북대학교 윤리교육과 교수로 재직 중이다.

《철학자가 눈물을 흘릴 때_쇼펜하우어&니체》| 김선희 지음

 인간이 짊어진 고통의 원인은 무엇인가? 끝없이 반복되는 고통의 탈출구는 어디인가? 예술에 대한 서로 다른 접근을 통해 일상의 번민과 고뇌로부터 해방을 모색한 생의 철학자 쇼펜하우어와 니체. 염세주의와 허무주의에서 한걸음 더 나아가 고통으로 가득한 인간의 삶을 철학적 사유로 진단하고 치료하고자 했던 그들의 삶과 사상을 만난다.

| 김선희 | 강원대학교 철학과 학부와 석사를 마치고 고려대학교에서 박사과정을 수료한 후 독일 베를린 자유대학교에서 철학박사 학위를 받았다. 심리검사전문가이자 예술치료전문가며 현재 강원대학교 철학과 교수로 재직 중이다. 철학과 삶의 적극적 관계를 철학적 화두로 연구하고 있다.

《무의식의 초대_프로이트&라캉》| 김 석 지음

인간 정신의 다양한 현상들의 근원을 탐구하고 정신과정의 본질을 무의식에서 찾으며 무의식을 과학적으로 다루는 새로운 학문을 창시한 정신분석학의 아버지 프로이트! 프로이트의 정신분석학에 언어학을 결합시키면서 개인의 성격과 인성을 분석

하는 기존의 욕망 이론을 사회적, 문화적으로
확장시킨 라캉! 20세기 사상의 흐름을 송두
리째 바꾸어놓은 정신분석학의 두 거장, 프로
이트와 라캉의 사상을 통해 인간정신의 숨겨
진 주인, 무의식 세계로의 흥미진진한 탐험이
시작된다.

| 김석 | 건국대학교 철학과에서 학부와 석사를 마쳤다. 프랑스 스트라스부
르대학을 거쳐 파리8대학 철학과에서 '라캉의 욕망하는 주체'를 주제로 박
사학위를 받았다. 사회와 역사 속에서 진행되는 인간의 삶과 실천의 문제를
화두로 삼아 연구와 집필을 계속하고 있으며 현재 건국대학교 자율전공학
부 교수로 재직 중이다.

《미국의 철학적 유산, 프래그머티즘_듀이&로티》| 이유선 지음

철학이 현실의 문제들을 해결할 수 있을까?
절대적인 기준이나 방법을 배제한 채, 가설을
세우고 실험하며 가장 좋은 결과를 낳는 방법
을 채택하는 실천적인 철학 프래그머티즘. 참
된 지식은 현실 문제를 해결할 수 있어야 한
다는 믿음으로 인간과 세계의 무한한 가능성
을 실험하고 시대의 과제를 고민한 철학자들의 사상을 통해 철
학이 우리 삶에 어떤 역할을 할 수 있는지 모색한다.

| 이유선 | 고려대학교 대학원 철학과에서 철학적 해석학과 네오프래그머티즘의 진리론을 주제로 박사학위를 받았으며, 한국학술진흥재단의 지원으로 미국 버지니아 대학교에서 리처드 로티에게 박사후과정을 사사했다. 고려대학교 민족문화연구원의 연구교수를 역임했고, 현재 서울대학교 기초교육원에서 전임대우교수로 재직 중이다.

《역사의 진실을 찾아서_랑케&카》 | 조지형 지음

 우리가 알고 있는 역사는 과연 진실일까? 역사적 진실이란 존재하는 것일까? 이념이나 신념, 철학이나 종교에 의해 왜곡되는 역사를 거부하고 정확하고 객관적인 기록을 탐구하여 역사의 진실을 밝히려 했던 랑케. 역사는 역사가의 주관에 따라 재구성될 수 있음을 주장한 랑케의 비판자들, 그리고 이 두 주장의 절충과 조합을 통해 역사를 바라보고자 했던 카. 근대적 역사의식의 출발점이 되었던 실증사관에서 포스트모던 역사학까지, 역사학의 역사를 통해 우리사회가 가진 역사의식을 되돌아본다.

| 조지형 | 인간의 권리 가운데 가장 근본적인 권리라고 일컬어지는 인신(人身)의 자유에 대한 깊은 관심으로 박사학위를 받았다. 역사는 다양한 축들이 서로 긴장하면서 변화하는 것이라는 관점에서 자유와 인권의 역사를 살펴보고 있다. 또한 미국 여성의 역사, 헌법의 역사, 그리고 포스트모던 역사이론에도 깊은 관심을 가지고 있으며, 현재 이화여자대학교 사학과 교수로 재직 중이다.

《시장경제를 위한 진실게임_케인즈&하이에크》 | 박종현 지음

시장이란 모든 이에게 자유와 물질적 번영을 보장하는 최상의 분배기구인가? 자본주의 경제학의 거대한 뿌리이자 영원한 맞수 케인즈와 하이에크. 시장 자본주의가 가장 극적으로 변모한 20세기의 한복판에서 시장의 본질, 시장과 사회 그리고 경제와 정치의 바람직한 관계에 대해 누구보다 치열하게 고민하며, 그 고민을 수많은 저작과 현실 참여를 통해 하나의 시대정신으로 구현했던 이들의 사상을 통해 인간을 길들이고 있는 거대한 경제 시스템에서 잠시 벗어나 인간을 위한 경제의 본모습을 다시 생각해본다.

| **박종현** | 연세대학교 경제학과 졸업. 국회도서관에서 금융담당 연구관으로 근무하면서 입법과 정책생산 과정을 관찰했고 현재는 경남과학기술대학교 교수로 재직 중이다. 주요 저서로는 《미국식 민주주의와 사회민주적 대안》(공저), 《케인즈의 경제학》(공저), 《빅셀 이후의 거시경제 논쟁》(공저)이 있다.

《개인이 아닌 시민으로 살기_몽테스키외&토크빌》 | 홍태영 지음

국가는 어떻게 생겨났을까? 바람직한 통치체제는 어떤 것일까? 민주주의는 어떻게 탄생했으며, 민주정치의 본질은 과연 무엇인가? 권력의 부패를 막기 위해 권력 주체들의 상호견제를 제도화한 몽테스키외의 삼권분립론, 민주주의 사회의 정치적 무관심이 결국 시민 스스로 자유를 반납하게 만든다는 토크빌의 '민주주의적 전제정'

개념 등. 민주주의의 틀을 만들고 내용을 채워나갔던 사상가들의 문제의식과 고뇌를 현대적 문맥에서 다시 한 번 되짚어본다.

| 홍태영 | 서울대학교 정치학과 및 동대학원 졸업하고 파리 사회과학고등연구원(EHESS)에서 정치학 박사학위를 받은 후 현재 국방대학교 국제관계학부 교수로 재직 중이다. 저서로 《제3의 길과 신자유주의》(공저), 역서로 《현대정치사상의 파노라마》(공역), 연구논문으로 〈프랑스혁명과 프랑스 민주주의 형성〉 〈프랑스 공화주의 모델의 형성〉 〈토크빌과 민주주의의 패러독스〉 〈공화주의 축제와 국민적 정체성〉 등이 있다.

《사회는 무엇으로 사는가_뒤르켐&베버》 | 김광기 지음

사회란 과연 무엇이며, 어떻게 유지되는 것일까? 인간과 사회에 대해 치열하게 고뇌하며 현대사회학의 이론적 체계를 정립한 뒤르켐과 베버! 종교와 사회에 관한 날카로운 통찰로 인간사회의 본질과 특성을 새롭게 규명하며 사회학의 획기적 이정표를 세운 두 거장의 시선을 통해 인간사회의 숨겨진 진실을 들여다본다.

| 김광기 | 경북대 일반사회교육과 교수. 보스턴 대학교에서 사회학 박사학위를 취득했고 전공은 사회학이론, 근대성, 현상학, 지식사회학 등이다. 주요 저서로는 《Order and Agency in Modernity: Talcott Parsons, Erving Goffman, and Harold Garfinkel》(State University of New York Press, 2002), 《우리가 아는 미국은 없다》(동아시아, 2011), 《정신차려 대한민국》(랜덤하우스코리아, 2012), 《Interaction and Everyday Life: Phenomenological and Ethnomethodological Essays in Honor of George Psathas》(Lexington Books, 2012, 공저), 《이방인의 사회학》 등이 있다.

다윈가

《자연철학의 조각그림 맞추기_아리스토텔레스&이븐루시드》 | 김태호 지음

 세상과 우주를 논리적으로 설명하는 거대한 자연철학의 체계를 세운 그리스 자연철학의 아버지 아리스토텔레스. 그리스에서 넘어온 아리스토텔레스의 모든 저작에 주석을 달아 그 이론을 더욱 합리적으로 체계화한 이븐 루시드. 이들에 의해 새로운 생명을 얻은 고대의 자연철학은 중세 유럽으로 흘러들어가 신의 권위와 겨루고 있던 철학자들에게 힘을 실어주며 마침내 학문의 정상에 오른다. 종교와의 논쟁을 통해 과학적 진실을 추구하며 서구 문명의 원동력이 된 자연철학의 역사를 다시 읽는다.

| 김태호 | 어린 시절 읽은 과학자들의 전기에 매료되어 서울대학교 화학과에 입학했다. 하지만 오늘날에는 아무도 '위인들의 시대'와 같은 방식으로 과학을 하지 않는다는 사실을 깨닫고 과학과 과학자의 모습이 언제, 어떻게, 왜 달라져왔는지 알아보기 위해 서울대학교 과학사 및 과학철학 협동과정에 진학했다. 싱가포르국립대학교와 미국 컬럼비아 대학교 등에서 연구원을 거쳐 현재 서울대학교병원 의학역사문화원 연구교수로 재직 중이다.

《하늘, 땅 그리고 과학_회남자&황제내경》 | 강신주 지음

이천 년 전 이미 나침반과 혼천의를 발명하며 세계 최고 수준을 자랑했으나 오래전 서양과학에 그 우위를 내어주고 한낱 미신으로 전락해버린 중국의 과학기술. 하지만 눈부시게 발전한 서양과

학의 폐단이 하나씩 드러나면서 우주와 자연, 인체를 하나로 파악한 동양의 유기체적 과학관이 다시 주목받고 있다. 동양의 전통과학은 과연 미래 과학을 위한 대안이 될 수 있을까? 고대 중국인들의 과학적 경험과 상상력이 빚어낸 동양 과학사상의 기틀,《회남자》와《황제내경》을 통해 서양과학의 대안으로 새롭게 떠오르는 동양 과학사상의 가능성과 한계 그리고 미래를 가늠해본다.

《거의의 어깨에 올라선 거인_뉴턴&데카르트》| 박민아 지음

과학계의 거인으로 불리는 뉴턴은 자신이 거인의 어깨에 올라서 있었기 때문에 멀리 볼 수 있었다고 말한다. 그가 말한 거인 데카르트. 합리론 철학자로만 그려졌던 데카르트는 기상학, 광학, 역학 등의 연구를 통해 17세기 과학 발전에 지대한 영향을 미친 자연철학자, 과학자이기도 하다. 뉴턴의 광학, 역학은 모두 데카르트의 자연철학 연구에 대한 깊은 이해에서 출발한다. 데카르트의 학문적 체계 위에 자연과 세계를 새로운 시각으로 해석하고자 치열하게 고민했던 뉴턴. 하지만 그 보다 더 치열하게 자신의 과학적 믿음을 지키기 위해 현실에 굳건히 발을 딛고 있었던 새로운 뉴턴의 새로운 모습과 만난다.

| 박민아 | 대학원에서 과학사를 공부했다. 당대에 유명했으나 지금은 그다지 유명하지 않은 과학자를 주제로 박사 논문을 쓰면서 그와 비슷한 운명을 갖게 될 내 주변의 과학자들에게 연민과 관심을 갖게 된 후, 평범한 과학자들이 하는 작은 공헌의 가치를 어떻게 하면 잘 보일 수 있을까에 관심을 갖고 있다. 또, 과학이 각종 발전의 도구로만 여겨지는 것이 아쉽게 느껴져 과학도 좀 즐겁게 여겨졌으면 좋겠다는 생각에서 과학문화에 대한 연구도 진행하고 있다.

《공간에 펼쳐진 힘의 무대_패러데이&맥스웰》 | 정동욱 지음

이론이 아닌 실험을 통해 세계를 해석한 위대한 실험 물리학자, 패러데이. 그의 창의적 실험과 탁월한 물리적 통찰은 현대문명의 필수적인 기술인 전파의 탄생을 가져왔다. 또한 패러데이의 정밀한 실험 자료를 수학적으로 이론화한 맥스웰은 전자기파의 존재를 밝혀냈을 뿐만 아니라 빛이 전자기파의 일종이라는 주장을 이끌어내며 뉴턴의 운동법칙에서 아인슈타인의 상대성이론으로 넘어가는 가교가 된다. 패러데이의 작은 실험이 맥스웰의 수학적 지식을 거쳐 전자기학으로 완성되기까지, 전기와 자기, 빛을 하나로 통합함으로써 현대물리학 혁명을 이끌어 낸 전자기학의 역사가 한 편의 드라마처럼 펼쳐진다.

| 정동욱 | 서울대학교 컴퓨터공학부를 졸업하고, 동대학원에서 과학사 및 과학철학 협동과정을 수료했다. 현재 과학적 증거를 주제로 박사학위 논문을 쓰고 있다. 역서로는 《프리즘: 역사로 과학 읽기》(공역)와 《논쟁 없는 시대의 논쟁》(공역)이 있다.

《마녀들의 연금술 이야기_퀴리&마이트너》| 박민아 지음

헌신하고 희생하는 내조자에 머물지 않고 당당히 자신의 능력을 검증받으며 최초의 여성 실험물리학 교수의 지위에 오른 라우라 바시와 볼테르의 정부라는 불명예 속에 가려진 탁월한 자연철학자 샤틀레 후작부인부터 여성 최초의 노벨상 수상자 마리 퀴리와 핵분열 연구의 숨겨진 공로자 리제 마이트너까지, 여성이라는 수식어를 지우고 누구보다 뜨거운 열정을 품고 학문의 길을 걸어간 한 명의 과학자이자 인간으로 그들의 도전을 새롭게 조명한다.

《진화론도 진화한다_다윈&페일리》| 장대익 지음

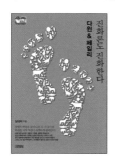

인류 문명사를 뒤엎은 진화론은 어떻게 싹 트게 되었는가? 기나긴 비글호의 항해 과정에서 발견한 진화의 증거들 그리고 마침내 밝혀지는 생명의 비밀! 이천 년 서구사회를 지배하던 신학적 세계관을 송두리째 뒤흔들며 생명의 기원에 대한 폭풍 같은 논쟁을 불러일으킨 진화론은 어떻게 발전해왔는가? 생물학과 유전학을 뛰어넘어 인문학과 사회과학으로 종분화하며 사회를 전반을 아우르는 견고한 패러다임으로 자리잡은 진화론의 현주소를 만난다.

| 장대익 | KAIST 기계공학과를 거쳐 서울대학교 대학원 과학사 및 과학철학 협동과정에서 공부했다. 인간 본성을 화두로 삼아 서울대 행동생태연구실에서 인간팀을 이끌었고, 영국 런던정경대학의 과학철학센터와 다윈세미나

에서 생물철학과 진화심리학을 공부했다. 이후에는 미국 터프츠 대학교 인지 연구소의 진화철학자 대니얼 데닛 교수의 날개 밑에서 마음의 구조와 진화를 공부했다. 현재는 서울대학교 자유전공학부 교수로 재직 중이다.

일꾼 마을

한편 일꾼 마을에는 두 개의 큰 도로(촘스키 가와 아인슈타인 가)를 중심으로 20세기 지식인들이 거주하고 있다. 촘스키 가에는 20세기 인문사상가들이 입주해 있는데, 한 진영에는 이성, 근대성, 합리성을 비판하면서 예술, 대중문화, 과학의 본성에 대해 탈근대적 해석을 시도했던 사상가들이 모여 산다. 가령, 푸코, 데리다, 들뢰즈, 부르디외 같은 프랑스철학자들은 근대사회가 전제하고 있는 수많은 이분법들(이성/감정, 의미/무의미, 정상/비정상, 객관/주관)을 깨는 일을 자신의 지적 화두로 삼은 이들이다. 반면 이러한 탈근대적 사고방식의 반대편에 서서 끝까지 저항하거나 온건한 모더니즘을 주장한 이들도 있었는데, 가령, 하버마스, 기든스 같은 이들이 그들이다.

이 동네에는 계승이나 영향을 주고받는 관계가 아닌, 날카로운 대립각을 형성하고 있는 짝들도 있다. 예컨데, 대중문화에 관한 벤야민/아도르노와 정의의 개념에 관한 롤스/매킨타이어, 합리성에 대한 하버마스/푸코, 언어 및 인지에 관한 스키너/촘스키가 대표적이다. 계승 관계의 사례로는 현상학을 시작한 후설과 하이데거, 민족주의에 대한 신채호와 함석헌의 관계, 인간

사고의 한계를 함께 밝혀낸 사이먼과 카너먼의 관계를 들 수 있다. 촘스키 가에서 흥미로운 사실 한 가지는 신채호/함석헌이 한국의 대표 사상가로 이름을 올렸다는 점이다.

한편 일꾼 마을의 아인슈타인 가에는 현대 물리학자, 천체물리학자, 수리논리학자, 생물학자 들뿐만 아니라 과학과 기술의 본성을 철학적으로 연구했던 과학철학자와 기술철학자 들도 있다. 아인슈타인 가의 주민들 중에 서로 라이벌이었던 인물들로는 양자역학에 관한 보어/아인슈타인, 과학의 특별함에 관한 포퍼/쿤, 기술의 자율성에 관한 엘륄/토플러가 있고, 나머지는 모두 동료이거나 계승 관계인 경우이다. 아인슈타인 가에는 일본의 현대 물리학자 나가오카 한타로와 유카와 히데키를 제외하고는 아시아의 인물은 없다.

이런 다양성에도 불구하고 아인슈타인 가 주민들의 공통점은 이들의 지식이 현재 우리의 일상에 실질적으로 매우 큰 영향을 주고 있다는 점일 것이다. 이것이 다른 동네 지식과 매우 다른 점인데, 가령, 모든 전자부품의 기능과 컴퓨터의 작동을 가능하게 하는 양자역학과 정보이론, 그리고 현대 의학을 가능하게 한 분자생물학은 모두 이 동네에서 나왔다.

촘스키가

《현상학, 철학의 위기를 돌파하라_후설&하이데거》| 박승억 지음

동일한 현상에 대해 서로 다른 의미를 부여함으로써 일어나는 일상의 충돌과 학문적 갈등을 해결하기 위해 탄생한 현상학. 인간의 이성을 건강하게 해줄 '철학'의 개혁을 통해 근대 유럽 문화와 그 시대 사람들이 직면한 위기를 돌파할 수 있다고 주장한 후설. 이성에 의해 감춰진 '존재'의 의미를 탐구함으로써 기술 문명이 갖고 있는 한계와 위기를 밝히려 했던 하이데거. 학문과 인간성의 부활을 통해 시대의 위기를 극복하기 위해 의식과 존재의 영역을 깊이 탐구한 현상학자들의 사유를 통해 오늘날 우리시대의 문제를 해결할 철학적 사유를 다시 생각해본다.

| 박승억 | 철학을 공부하면서 깨달은 것 중에 하나는 '어떻게 하면 좋은 질문을 할 수 있는가'라는 고민이 중요하다는 사실이다. 질문은 우리를 새로운 세상으로 이끌기 때문이다. 최근에 관심을 갖고 있는 주제는 철학적 질문을 역사와 문화의 관점에서 해명하는 일이다. 성균관대학교 철학과를 졸업하고 동대학원에서 현상학을 전공하여 박사학위를 받았다. 독일 트리어 대학교에서 박사후 연구 과정 지냈으며 현재는 숙명여대 교양교육원 교수로 재직 중이다.

《대중문화의 기만 혹은 해방_벤야민&아도르노》| 신혜경 지음

현대 사회 속 예술은 희망의 원동력인가, 달콤한 마취제인가? 자본주의 사회 속에서 산업이 되어버린 문화의 본질은 과연 무

엇인가? 기술의 발전으로 새롭게 등장한 다양한 대중매체, 공장에서 대량 생산된 상품처럼 동일한 것이 무한 반복되는 현대 사회의 대중문화는 현대인들의 삶에 어떤 의미를 갖는가? 암울했던 20세기 초 대중문화와 상업주의가 결합한 문화산업의 근원을 추적, 통렬한 비판과 동시에 새로운 가능성을 모색했던 두 사상가의 날카로운 시선을 통해 오늘날 우리 사회의 대중문화를 다시 진단한다.

| 신혜경 | 서울대 미학과에서 석사 및 박사학위를 받았다. 1990년부터 대학에서 학생들을 가르치며, 미학이 더 큰 사회와 대면하기를 바라는 마음으로 꾸준히 대중문화나 문화이론에 관심을 가지고 연구하고 있다. 현재 서울대학교 미학과 교수로 재직중이다.

《광기의 시대, 소통의 이성_푸코&하버마스》 | 하상복 지음

인간 존엄과 자유, 평등, 해방의 이념을 일깨우며 서구 근대사회의 밑거름이 된 이성은 식민주의와 세계대전 등 자신의 가치와 이념을 보편화한다는 명목으로 수많은 갈등과 폭력을 초래한 근대사회의 또 다른 모습으로 나타나기도 했다. 교묘하게 은폐된 근대 이성의 일방적 폭력성에 주목한 푸코와 근대성의 보편적이고 긍정적인 힘을 역설한 하버마스. 서양의 역사를 꿰뚫는 날카로운 통찰로 근대사회를 바라봤던 두 사람의 상반된 해석을 통해 주관적, 도구적 이성의 사회에서 벗어날 수 있는 궁극적 해법을 모색해본다.

| 하상복 | 서강대학교 정치외교학과와 동대학원을 졸업. 벨기에의 브뤼셀 자유대학교에서 철학 수업을 1년간 수강하고 프랑스 파리로 이주, 개선문 뒤 불로뉴 숲을 끼고 있는 파리9대학에서 정치학 박사학위를 받았다. 현재 목포대학교 정치미디어학과에서 문화와 커뮤니케이션을 가르치고 있다.

《정의로운 삶의 조건_롤스&맥킨타이어》| 이양수 지음

전쟁을 통한 정의의 실현은 가능한가? 양심적 병역거부는 인정해야할까? 자유무역협정에 대한 찬반 논쟁, 어느 쪽의 주장이 옳은 걸까? 복잡하게 얽히고설킨 이해관계 속에서 점점 더 모호해지는 정의의 개념을 명확하게 정립할 기준은 무엇인가? '원초적 입장'이라는 사유실험을 통해 이상적 정의의 진정한 모습을 추구한 롤스. 한 사회의 역사, 문화적 맥락 속에서 실현가능한 정의원칙을 모색한 매킨타이어. 사회적 부정의에 저항하며 새로운 정의 규범을 탐색한 롤스와 매킨타이어의 논의를 통해 우리 삶의 맥락 속에 흐르고 있는 진정한 정의의 의미를 재조명한다.

| 이양수 | 미국 조지아 대학교 철학과를 졸업했다. 전공은 정치 철학과 윤리학이며 학위논문은 〈정의, 비폭력, 정치판단의 실행: 리쾨르 정의개념 연구〉이다. 번역서로는 《정의의 한계》《휴머니티》가 있고, 공저로는 《무엇이 정의인가》《롤즈의 정의론과 그 이후》 등 다수가 있다. 현재 한양대학교 강의교수이다.

《의미와 무의미의 경계에서_데리다&들뢰즈》 | 박영욱 지음

과연 무엇이 의미 있는 것이고, 무엇이 무의미한 것인가? 문학과 철학, 예술과 건축 등 분야를 넘나들며 의미와 무의미라는 전통적 대립 구도를 허물고자 했던 해체주의의 선구자 데리다와 들뢰즈. 모든 존재에 잠재된 독특한 개성을 억압하는 서구의 왜곡된 사상을 거침없이 비판하고, 다양하고 차별적인 존재의 목소리에 귀를 기울이는 철학적 방법론을 제시한 그들이 해체를 통해 추구하고자 했던 목적은 무엇인가? 예술론의 시선에서 바라본 두 사람의 사상을 통해 아름다움의 실체, 예술 작품의 본질적 가치, 더 나아가 그들이 차이의 논리를 통해 추구했던 궁극적 목적은 무엇인지 짚어본다.

> | 박영욱 | 미국 조지아 대학교 철학과를 졸업했다. 전공은 정치 철학과 윤리학이며 학위논문은 〈정의, 비폭력, 정치판단의 실행: 리쾨르 정의개념 연구〉이다. 번역서로는 《정의의 한계》《휴머니티》가 있고, 공저로는 《무엇이 정의인가》《롤즈의 정의론과 그 이후》 등 다수가 있다. 현재 한양대학교 강의교수이다.

《역사의 길, 민족의 길_신채호&함석헌》 | 이흥기 지음

일제의 식민사관에 맞서 주체적인 민족사관의 토대를 마련한 사학자이자 일본의 압제를 끊임없이 폭로했던 올곧은 언론인이었으며, 무장투쟁을 통해 일제에 항거했던 독립운동가 단재 신채호! 종교·역사·철학·문학을 아우르는 거대한 학문체계를 세운 탁월한 사상가이자 씨알사관이라는 독특한 역사관을 정립한 사

학자이며 불의에 맞서 저항하는 지식인 상징이 되었던 함석헌! 그들이 우리 역사 속에서 발견한 의미는 무엇이었으며, 그들이 꿈꾸었던 민족의 길은 어떤 모습이었는가? 한국 근대사의 아픔과 시련을 오롯이 겪어내며 진정한 민족정신과 행동하는 지식인의 표상이 되었던 그들의 삶과 위대한 사상을 통해 우리 시대의 역사의식을 다시 묻는다.

| 이흥기 | 서울대 국사학과 학부 및 석박사 과정을 거치며 한국 근대교육사 연구에 관심을 가져왔다. 박사과정 때 학습생애사, 구술사를 접한 뒤 한국인들의 삶, 특히 개인적으로 사회적으로 '권위'를 어떻게 경험했고 그 학습 효과가 삶에 미치는 영향이 어떠한지에 대한 관심이 많아졌다. 서울대학교병원 병원역사문화센터 연구교수로 재직 중 한국근대의료사 연구에 주력하며 근대의학교육의 전개와 의사직의 출현을 주제로 박사학위를 받았으며 한신대학교 강사로 활동했다.

《마음의 재구성_촘스키&스키너》 | 조숙환 지음

인간의 마음은 태어나는가, 만들어지는가? 두세 살만 되어도 주어진 언어를 완벽하게 구사할 수 있는 인간의 능력은 어디에서 비롯된 것일까? 파블로프의 이론을 뛰어넘어 인간의 모든 행동은 자극과 반사 그리고 적절한 강화를 통해 계획하고 통제할 수 있다는 행동주의 심리학의 아버지, 스키너! 이에 반기를 들고 인간의 마음속에

내재된 심성에 주목하며 인지과학의 흐름을 바꾸어 놓은 세계의 지성 촘스키! '본성 대 양육'이라는 인간에 대한 두 가지 시각을 대표하는 두 사람의 논쟁에서 시작된 인지 혁명의 과정을 훑어가며 최근 인지과학의 쟁점을 통해 인간의 마음을 새롭게 해석한다.

| 조숙환 | 서강대학교에서 영문학을 전공한 후, 캐나다 앨버타대학교에서 언어학으로, 하버드대학교에서 인간발달학과 심리학으로 박사학위를 받았다. 최근에는 풀브라이트 초청학자로 보스톤대학교 의과대학에서 자폐 아동들의 언어와 인지발달을 연구했다. 현재 서강대학교에서 언어학과 인지과학을 가르치고 있으며, 인지과학 학생회 까페와 이정모의 홈페이지에서 인간, 언어, 마음에 관한 관심을 나누며 산다.

《심리학, 경제를 말하다_사이먼&카너먼》 | 안서원 지음

수많은 선택의 순간, 우리의 판단은 어떻게 이루어지는가? 인간의 경제행위는 합리적인가? 제한된 시간과 정보만으로 최선의 의사결정을 해야 하는 현실 속의 사람들은 주어진 상황 속에서 일정 수준의 만족스러운 대안을 선택한다는 '제한된 합리성' 개념을 도입하며 경제학 패러다임의 전환을 가져온 사이먼. 그리고 사람들이 논리적·체계적 판단보다는 주먹구구식 판단에 의존하는 경향을 발견하고, 이러한 경향 때문에 생기는 오류의 유형 및 그것을 방지할 수 있는 방법을 제시한 카너먼. 인간의 선택과 판단에 대한 심리학의 연구 성과를 경제학에 접목하여 경제학의 새로운 프레

임을 제시한 두 심리학자의 연구를 통해 우리가 미처 깨닫지 못했던 인간과 사회의 진실이 밝혀진다.

| 안서원 | 좋아하고 싫어하는 것이 뚜렷하지 않고 무엇을 선택하는 것에 어려움을 느끼던 중 대학 4학년 때 우연히《불확실한 상황에서의 판단: 추단법과 편향Judgment under Uncertainty: Heuristics and Biases》을 읽게 되고 판단과 의사결정을 전공하고자 마음먹었다. 이 분야가 연구 주제로서 흥미로울 뿐 아니라 일상생활에서도 도움이 된 경험에 근거해 이 연구성과들이 다른 사람들에게도 널리 알려지기를 바라고 있다. 연세대학교 심리학과 졸업 후 시카고대학교에서 심리학 석·박사학위를 받았다. 서강대 경영학과 BK21 계약교수 및 성균관대학교 심리학과 책임연구원을 역임했고, 현재 서울과학기술대학교 교수로 재직 중이다.

《세계화의 두 얼굴_부르디외&기든스》 | 하상복 지음

갈등과 모순의 세계화인가, 평화와 협력의 세계화인가? 세계화는 개인의 삶과 국가의 미래를 어떻게 바꾸어놓을 것인가? 세계화가 승자만이 독식하는 '무제한적인 착취의 유토피아'를 만든다고 주장하며 적극적으로 반세계화 운동에 참여한 부르디외와 세계화가 가져오는 경제적 기회 및 민주주의적 가치 확산에 주목하는 기든스의 팽팽한 논리 대결이 펼쳐진다. 인류의 생활 방식을 뒤바꾸고 있는 세계화의 거대한 힘 앞에서 우리가 나아가야 할 길은 어디일까?

아인슈타인 가

《확률의 과학, 양자역학_아인슈타인&보어》 | 이현경 지음

가장 작은 세상 속의 가장 거대한 혁명, 양자
역학. 뉴턴 이후 200년 동안 지속되던 결정론
적 고전물리학에 종지부를 찍고 확률과 통계
로 세계를 인식하게 만든 양자론이란 무엇인
가? 플랑크가 제시한 양자의 개념의 시작으로
아인슈타인과 보어의 팽팽한 대립을 통해 발
달한 양자역학은 인류의 운명과 역사가 결정되어 있지 않고 무
한한 가능성으로 열려있다는 세계관의 기틀을 확립하며 과학사
는 물론 세계관까지 바꿔놓은 양자론의 모든 것을 공개한다.

| 이현경 | 서울대학교 물리교육과 졸업. 동대학원 과학사 및 과학철학 협동
과정에서 '토마스 영의 간섭실험'을 주제로 석사학위를 받았으며 현재《과
학동아》와〈동아일보〉과학담당기자를 거쳐 현재는 채널A 과학전문기자로
근무하고 있다. 이 책에서는 아인슈타인과 보어의 논쟁을 통해 발전하여 20
세기의 패러다임을 뒤바꾼 양자역학을 흥미진진하게 기술하고 있다.

《아시아에서 과학하기_나가오카&유카와》 | 김범성 지음

과학의 발전은 개인의 천재성만으로 이루어지는 것일까? 아시
아인도 탁월한 과학적 성과를 인정받으며 과학계의 중심에 설
수 있을까? 서구 과학문명에 압도된 19세기 말 일본이라는 시대
적 한계를 극복하고 훌륭한 과학자로 성장한 나가오카와 독창적
인 연구 업적으로 노벨물리학상을 수상한 유카와! 아시아인은

과학자가 될 수 없다고 생각되던 시절, 외국 교수를 초빙해 학생들을 가르치고, 교육기반과 연구환경을 조성하며, 오랜 세월에 걸쳐 차근차근 과학의 기초를 닦아 마침내 세계 과학의 중심으로 진출한 일본의 사례를 통해 우리나라 과학의 과제와 전망을 살펴본다.

| 김범성 | 우리가 살고 있는 세상과는 비슷하면서도 다른 세계를 경험하는 데에서 역사의 매력을 느끼며, 그러한 상상력이야말로 우리의 삶을 보다 자유롭고 풍요롭게 만드는 자산이라고 믿고 있다. 서울대 동양사학과(학사), 서울대학교 대학원 과학사 및 과학철학 협동과정을 졸업(석사)한 후 도쿄대학교에서 박사학위를 취득했으며 현재 히로시마 공업대학에서 교편을 잡고 있다. 저서로는 《어떻게 일본 과학은 노벨상을 탔는가》 등이 있으며, 옮긴 책으로는 《화학이 싫어지는 사람을 위한 책》, 《이공계 살리기》가 있다.

《과학에는 뭔가 특별한 것이 있다_쿤&포퍼》 | 장대익 지음

과학이 과학일 수 있는 이유, 과학과 비과학을 구분 짓는 경계는 과연 무엇인가? 과학이란 과연 무엇이며, 과학적이라는 말은 어떤 의미를 갖는 것일까? 그리고 관찰과 실험을 통해 검증된 확실한 진리를 추구해온 귀납주의, 반증 가능한 것만이 과학이라는 포퍼의 반증주의, 그리고 과학에는 패러다임이 있어야 한다는 쿤의 주장과 과학은 협상의 산물이라는 사회 구성주의자들에 이르기까지. 인류 역사상 가장 발달한 과학의 결과물을 향유하고 있지만

과학과 비과학, 그리고 사이비 과학 사이에서 명백한 해답을 찾지 못한 우리에게 과학이란 무엇인지를 정면으로 묻고 있다.

《추상적 사유의 위대한 힘_튜링&괴델》 | 박정일 지음

컴퓨터 시대의 문을 연 인공지능의 선구자, 제2차 세계대전 연합군의 승리를 이끈 주역, 앨런 튜링. 불완전성 정리라는 판도라의 상자를 열고 인간 이성의 한계를 수학적으로 증명한 괴델. 이들은 과연 어떻게 '튜링 기계', '보편 튜링 기계', '괴델 수 대응'라는 위대한 착상을 해내며 현대 컴퓨터의 이론적 토대를 구축했을까? 선구자적인 통찰을 통해 현대 컴퓨터와 인공지능의 초석을 마련한 천재적 수학자들의 발자취를 따라가며 그 속에서 탄생한 현대 컴퓨터의 이야기가 흥미진진하게 펼쳐진다.

| 박정일 | 서울대학교 자연과학대 수학과를 졸업하고 인문대학원 철학과 대학원에서 박사학위를 받았다. 서울대학교 철학사상연구소 선임연구원, 연세대학교 철학연구소 선임연구원, 세종대학교 초빙교수를 지냈으며, 현재 숙명여자대학교 교양교육원 교수로 재직 중이다. '의사소통'과 '실천'을 화두로 철학을 하고 있으며, 주로 비트겐슈타인 철학과 논리철학, 수학철학을 연구하고 있다.

《DNA 이중나선의 두 영웅_왓슨&크릭》 | 정혜경 지음

150년 전 유럽 작은 수도원 뒤뜰에서 시작된 완두콩 실험이 현재의 유전공학으로 발전하기까지, 'DNA 혁명'이라 불리며 인류사의 대변혁을 가져온 DNA 구조의 발견 어떤 도전의 과정 속에

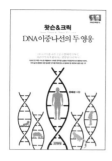

진화해왔는가? DNA의 이중나선 구조를 밝혀냄으로써 생명공학 혁명의 출발점을 마련한 왓슨과 크릭을 비롯해 수많은 과학자들의 도전과 탐구 속에 마침내 밝혀진 생명 현상과 유전의 비밀! DNA라는 생명의 설계도를 그려내기 위해 도전을 멈추지 않았던 인류의 위대한 여정을 만난다.

| 정혜경 | 부산대학교를 졸업하고, 미국 위스콘신대학교 과학사학과 대학원에서 현대생물학사를 전공하여 석사 및 박사학위를 취득했다. 주된 관심사는 현대생물학사와 미국과학사 전반이며 미국 스미소니언박물관에서 연구원으로 근무한 바 있다. 현재 한양대학교에 출강 중이다. 저서로는《내가 유전자 쇼핑으로 태어난 아이라면》(2008), 번역서로는 《우연을 길들이다》(2012)가 있다.

《인간과 유인원, 경계에서 만나다_구달&리키》| 진주현 지음

인간이 인간일 수 있는 조건은 무엇일까? 침팬지와 다른, 사람만의 특징은 무엇이며 사람이 여전히 침팬지와 같은 영장류로 묶여있는 이유는 무엇일까? 수많은 생명체 중에서 왜 인류에게만 두뇌 용량의 증가라는 급격한 변화가 일어나며 현재의 인류에까지 이를 수 있었던 것일까? 인간이라는 존재를 이해하기 위해 끝없이 질문을 던지고 그 해답을 찾아 뜨거운 아프리카에서 일생을 보낸 고인류학의 아버지 루이스 리키와 영장류학의 어머니 제인 구달

의 인생여정을 통해 인간의 조건을 다시 생각한다.

| 진주현 | 서울대학교 고고미술사학과에서 고고학을 전공한 후 스탠포드대학교와 펜실베니아 주립대학에서 인류학 석·박사학위를 취득했다. 지난 10년간 남아프리카 공화국, 탄자니아, 온두라스, 중국 등에서 많은 발굴 현장에 참여했으며 인류의 진화와 기원, 사람과 동물 뼈대의 구조적·기능적 차이 등이 주요 관심 연구 분야야. 현재는 하와이에 있는 미 국방부 소속 합동전쟁포로 및 실종자 확인사령부(JPAC)에서 법의인류학자로 활동 중이다.

《우주의 대변인_세이건&호킹》| 강태길 지음

수천 년 동안 수수께끼로 남아 있던 우주 탄생을 비밀을 밝혀낸 위대한 과학자 호킹. 복잡한 우주의 현상을 대중의 눈높이에서 보여준 탁월한 해설가 세이건. 그들을 통해 멀게만 느껴졌던 우주의 새로운 모습을 발견한다! 우주는 어떻게 시작되었으며 어떤 모습으로 존재하는 것일까? 양자역학과 상대성이론을 통해 마침내 밝혀진 우주 탄생의 신비, 미해결의 미스터리로 남아 있는 외계 생명체의 존재와 이를 증명하기 위한 SETI 프로젝트 그리고 시간의 흐름에 대한 이론까지. 20세기에 들어서서 마침내밝혀지기 시작한 경이롭고도 매혹적인 우주에 관한 이야기가 흥미진진하게 펼쳐진다.

| 강태길 | 서울대학교 천문학과 및 동 대학원 과학사및 과학철학 협동과정을 졸업했다. 미국 메릴랜드 주립대 철학과에서 상대성이론에 대한 철학적 주제들을 연구하여 박사과정을 수료했으며, 스위스 제네바의 CERN(유럽 입

자물리연구소)에서 진행된 미 항공우주국(NASA)의 우주선(cosmic ray) 탐사 프로젝트에 참여했다. 현재는 메가로스쿨 LEET 추리논증 전임교수로 재직 중이다.

《현대기술의 빛과 그림자_토플러&엘륄》| 손화철 지음

현대의 기술은 인류의 행복을 기약하는 새로운 기회일까, 재앙의 시작일까? 예측할 수 없는 속도로 발달하는 현대 기술 속에 살고 있는 우리는 악몽이 현실화를 목도하고 있는 것인가, 길몽의 실현을 기다리고 있는 것인가? 이러한 고민을 좀 더 학문적인 방법으로 풀어내며 기술 발전의 현실을 정확하게 분석한 두 지식인두 학자 토플러와 엘륄. 기술사회에 대한 낙관론과 비관론으로 팽팽하게 대립하는 두 사람의 사상을 통해 예측할 수 없는 속도로 발달하는 기술사회의 현실과 살고 있는 우리의 미래를 되짚어본다.

| 손화철 | 서울대 철학과 졸업 후 벨기에 루벤대학 철학부에서 유학했다. 철학은 인간이 직면하는 가장 현실적인 문제들에서 비롯된 것이고, 기술은 현대사회를 구성하는 가장 중요한 요소라고 판단하여 기술철학을 전공으로 삼았다. '현대기술과 민주주의' 라는 주제로 박사학위를 받았으며, 그 외 기술의 사회적 구성 이론과 문화로서의 기술, 그리고 자크 엘륄에 대한 몇몇 논문을 발표하였다. 현재 한동대학교 글로벌리더십학부 교수로 재직 중이다.

Chapter 6

지식의 미래, 미래의 지식인

우리의 모토는 지식의 최전선으로 찾아가 가장 복잡하고
정치한 정신들을 찾아내고, 그들을 한 방에 몰아넣어
그들이 자기 자신에게 묻고 있는 질문들을 서로에게 퍼붓게 만드는 것이다.
– 존 브로크먼, 에지 재단 설립자, 1996

제3의 문화를 만드는 지식인들: 에지 재단

2006년 가을 학기에 나는 미국 터프츠(Tufts) 대학교의 인지연구
소에 방문연구원으로 와 있었다. 이 연구소의 소장인 대니얼 데
닛(Daniel Dennett)은 의식에 관한 학부 세미나 첫 시간에 들어와
다음과 같이 이야기했다.

> 이 수업은 제가 오래전부터 준비하고 고대한 수업입니다. 인
> 간의 의식(consciousness)에 관해 연구하는 저는 세계의 저명
> 한 학자들을 초빙해 세미나를 개최할 예정인데요, 한 가지 기
> 본 규칙(ground rules)이 있습니다. 여기서는 학부 학생만이
> 강연자에게 질문을 할 수 있다는 것입니다. 다른 사람들은 전
> 부 참관인(observer)의 자격으로 수업에 참여해야 합니다. 이
> 렇게 하는 이유는 간단합니다. 우리 같은 전문가들은 그동안
> 너무 우리끼리만 이야기해왔기 때문에 우리가 알고 있는 것에

대해 너무나 당연하게 받아들이는 경우가 많습니다. 그러다 보니 대학생을 비롯해 일반 사람들의 훌륭한 질문, 의심, 대답들이 무시되는 경우가 많습니다. 하지만 이 세상에서 무식한 질문은 없습니다. 무식한 답만이 있을 뿐입니다. 평범한 사람들의 평범한 질문들에 대해 전문가들은 답을 해줄 수 있어야 합니다. 그러니 학생 여러분들은 어떤 것이든 질문할 준비를 해주십시오. 초청 연사들은 여러분의 질문을 가볍게 여기지 않고 성실히 답변해줄 것입니다. 그러는 과정을 통해 전문가들도 여러분의 생각에서 많은 것을 배울 수 있을 것입니다. 물론 여러분은 대단한 경험을 하는 것일 테고요. 이 수업은 학자와 일반인들 간의 커뮤니케이션 실험이기도 합니다.

데닛은 현대의 가장 영향력 있는 지식인 중 한 명으로 꼽히는 철학자로서 인간의 마음에 대한 탁월한 연구 업적을 남기고 있는 세계적 석학이다. 그런 그의 수준 높은(?) 세미나를 기대했던 나는 위와 같은 말을 듣고 처음에는 다소 의아하게 생각했다. '세계적 석학이 한낱 대학생의 질문들에 그렇게 관심이 많겠어?'

수업이 몇 주간 진행되자 호기심을 참지 못한 몇몇 교수들이 때때로 토론에 끼어들었지만 그가 정한 기본 규칙은 비교적 잘 지켜졌고 그가 진심으로 학생들의 말에 귀를 기울인다는 느낌을 받았다. 학생들은 이런 분위기 덕에 자신의 질문을 부끄럽게 여기지 않고 적극적으로 수업에 참여했으며, 초청 연사들은 학생들의 용감한 질문에 정직한 답변을 하느라 진땀을 흘렸다. 학자와 학생 간의 쌍방향 커뮤니케이션이 일어나는 수업인 셈이었다. 학부생 세미나를 이끈 석학은 한 시간 정도 쉬었다가 곧바로 대중 강연을 했다. 이런 강연은 나를 가장 즐겁게 하는 시간들이었다.

지식인이 대중의 눈높이로 내려와 대중의 언어로 자신의 연구를 소개하는 일은 선진 사회에서 점점 보편화되는 추세다. 가령, 영국의 지식인들은 자신의 연구 성과를 일반 대중들과 함께 나누는 것을 일종의 '의무'로 여긴다. 그래서 아무리 탁월한 연구를 한 지식인이라도 대중과의 소통을 소홀히 한 사람이라면 저명한 대중 강좌 시리즈의 연사가 될 수 없다. 영국에서 매년 크리스마스이브에 열리는 '크리스마스 강연회'의 연사는 자신의 분야에서 뛰어난 업적이 있는 동시에 대중들을 위한 교양서를 출판했던 지식인들 중에서 엄격하게 선발된다. 동물행동학 분야의 석학이면서《이기적 유전자》등의 도발적인 책으로 대중들에게 큰 영향을 미친 리처드 도킨스 같은 지식인이 그 강연회의 대표적 연사다. 이제 구름 위의 신선처럼 자신들의 지적 호기심을 채우는 일에만 관심을 두었던 지식인들이 구름 아래로 내려와 대중들과 함께 호흡하는 지식인으로 변모하며 우리 곁으로 점점 더 가까이 다가오고 있다.

미래의 지식인은 골방에 틀어박혀 자신의 세계에만 몰두하는 그런 사람들이 아니다. 그들은 다른 사람을 위해서도 자신의 호기심과 열정을 기꺼이 공유할 준비가 된 사람들이다. 그 대표적인 예로, 1996년 과학저널리스트인 존 브로크먼(John Brockman)과 몇몇 저명한 학자들이 설립한 비영리단체인 에지 재단(Edge Foundation)을 들 수 있다. 에지 재단의 구성원들은 현재 전 세계에서 가장 주목받는 지식인으로, 그들의 사이버 커뮤니티인 에지 재단 홈페이지(www.edge.org) 대문에는 다음과 같은 글귀가 적혀 있다.

> 지식의 최전선에 다다르기 위한 방법이 있다. 그것은 전 세계에서 가장 정교하고 세련된 지식을 가진 사람들을 데려다가 한 방에 몰아넣는 것이다. 그런 다음, 그들이 자기 자신에게 묻고 있는 질문들을 서로에게 묻도록 해보자.

이것이 에지 재단의 기본 이념이다. 사실 이 재단은 조그마한 클럽에서 시작했다. 1981년부터 1996년까지 몇몇 과학자, 심리학자, 철학자, 예술가 등이 편하게 만나 수다에 가까운 토론을 하다가 1998년부터 만남의 장소를 www.edge.org로 옮겨 전 세계 누구든지 그들의 호기심과 열정을 함께 공유할 수 있도록 했다.

에지 지식인들은 자연과학과 인문사회과학의 단절과 대립으로 상징되는 '두 문화(Two Culture)'에 반기를 든 사람들이다. 이러한 두 문화의 단절과 분극 현상은 문화 발전을 저해하고 사회가 발전하는 데 치명적인 걸림돌이 된다. 그들 중에 커뮤니케이션 이론을 전공한 사람은 아무도 없지만 그 어떤 지식인들보다 커뮤니케이션 능력이 뛰어난 사람들이다. 그들은 온라인과 오프라인의 정기적 만남을 통해 서로에게 묻고 배운다. 그들에게 각자의 전공 분야는 커뮤니케이션의 장벽이 아니라 오히려 촉진제다. '우리는 전공이 달라 더 이상 대화가 불가능하다'라고 생각하는 사람은 그들 중 아무도 없다.

또한 그들은 대중들을 위한 책을 쓰거나 대중 강연회를 열어 일반인과의 만남을 즐긴다. 가령, 내 박사 후 과정 지도교수인 데닛을 비롯해 하버드 대학의 심리학자 스티븐 핑커(Steven Pinker), 옥스퍼드 대학의 과학대중화 석좌교수인 리처드 도킨스, 하버드 대학교의 인지과학자 마크 하우저(Marc Hauser), MIT의 로봇과학자 로드니 브룩스(Rodney Brooks) 등은 자신의 분야에서 최고의 석학이면서도 베스트셀러를 한두 권씩은 쓴 탁월한 저자이기도 하다.

참고자료

대니얼 데닛 | 《마음의 진화Kinds of Minds》(사이언스북스, 2006), 《내용과 의식Content and Consciousness》(1969), 《다윈의 위험한 아이디어Darwin's Dangerous Idea》(1996), 《자유는 진화한다Freedom Evolves》(동녘사이언스, 2009) 《주문을 깨다Breaking The Spell》(동녘사이언스, 2010) 《의식의 수수께끼를 풀다Consciousness Explained》(옥당, 2013) 등

스티븐 핑커 | 《언어본능The Language Instinct》(2000), 《빈 서판The Blank Slate》(사이언스북스, 2004), 《단어와 규칙Words and Rules : The Ingredients of Language》(사이언스북스, 2009), 《마음은 어떻게 작동하는가How the Mind Works》(동녘사이언스, 2007), 《마음의 과학The Mind》(와이즈베리, 2012), 《Learnability and Cognition : The Acquisition of Argument Structure》(1991) 등

리처드 도킨스 | 《이기적 유전자 The Selfish Gene》(을유문화사, 1998), 《눈먼 시계공The Blind Watchmaker》(사이언스북스, 2004), 《확장된 표현형Extended Phenotype》(을유문화사, 2004), 《악마의 사도 A Devil's Chaplain》(바다출판사, 2005), 《조상 이야기, 생명의 기원을 찾아서The Ancestor's Tale》(까치글방, 2005) 《만들어진 신The God Delusion》(김영사, 2007), 《현실, 그 가슴 뛰는 마법The Magic of Reality: How We Know What's Really True》(김영사, 2012), 《지상 최대의 쇼The Greatest Show on Earth》(김영사, 2009), 《무지개를 풀며 Unweaving the Rainbow》(바다출판사, 2008) 등

로드니 브룩스 | 《로봇 만들기Flesh and Machines》(바다출판사, 2005)

브로크먼에 따르면 이들은 '제3의 문화(The Third Culture)'를 만드는 사람들이며 '새로운 인문주의자(New Humanist)'이다.

이들이 바로 지식의 미래를 짊어질 〈지식인마을〉의 새싹들이다. 우리는 새로운 지식의 흐름을 선도하는 이들을 통해 미래의 지식이 어떤 형태가 될 것인지를 예상할 수 있다. 그것은 학제적이고 통합적이며 쌍방적이고 상상력이 풍부한 지식이다. 그리고 그것은 우리가 〈지식인마을〉 시리즈를 통해 그토록 실현하고 싶어 했던 '4I'이기도 하다. 〈지식인마을〉 주민들이 만들어낸 위대한 지식은 원래부터 그런 성격을 지녔으며 오늘도 그러하며 미래에는 더욱 그러할 것이다.

우리에게도 지식의 미래는 있는가?

몇 년 전 인문사회 분야의 대학 교수들이 인문학의 위기를 개탄하며 사회적 관심을 촉구하는 '인문학 선언문'을 발표해 언론의 주목을 받은 적이 있다. 사실 '인문학의 위기', '이공계 기피'와 같은 단어들은 한국 지식계를 넘어 사회 전반의 키워드가 되었을 정도다. 이에 대해 많은 전문가들이 여러 매체를 통해 다양한 측면에서 원인을 분석하고 처방을 내놓았지만 아직도 그에 관한 논의는 '두 문화' 즉, 인문학과 자연과학 각자의 틀 안에서만 얘기되는 현실이다.

국내의 소장학자들과 함께 〈지식인마을〉을 설계하고 건설한 일꾼으로서 자신 있게 할 수 있는 이야기는, 지식과 지식인에 대한 우리 태도가 달라지지 않는 이상 이 모든 진단과 처방이 공허한 울림으로 끝날 수 있다는 것이다. 이미 현실은 이과와 문과의 경계가 무너진 지 오래다. 이제 인문학과 자연과학의 경계를 넘어 통합적인 지식 설립이 필요한 때이다. 여기에 자신의 전공을 제외한 다른 분야는 별로 가치가 없다고 생각하고, 다른 사람들이 자신의 전공에 관심을 갖는 것을 영역 침범으로 여기는 '지적인 텃세(intellectual territoriality)'를 부리는 지식인은 아무리 좋은 처방을 내놓더라도 지식의 미래에는 도움이 되지 않을 수 있다. 또한 자신의 독자인 대중들과 소통하기를 꺼려한다면 지식인의 미래는 없다고 해도 지나치지 않다.

그리고 가장 중요한 것은 앞에서 강조한 호기심과 열정을 반드시 회복해야 한다는 사실이다. 미래 지식인의 특성을 잘 보여주는 에지 재단의 지식인들은 호기심과 열정으로 똘똘 뭉친 사람들로, 옆 동네의 지식인을 초대해 밤이 깊도록 토론하는 열린 마음을 지닌 사람들이며, 대중들이 좀더 쉽게 전문 지식에 다가갈 수 있도록 기꺼이 자신의 글을 열댓 번 다듬는 사람들이다. 그리고 그들은 농구의 황제 마이클 조든이 경기를 즐기듯이, 바이올리니스트 장영주가 연주를 즐기듯이, 지식 자체를 즐기는 사람들이다.

그렇다면 우리 사회는 어떠한가? 우리 주변에 그러한 미래 지식인들은 얼마나 될까? 미래 지식인은 '연구냐 대중화냐'라는 전통적인 이분법을 넘어 '연구와 대중화' 모두를 소중히 여기는 사람들이다. 아인슈타인의 명언 "과학 없는 종교는 공허하고 종교 없는 과학은 절름발이다"를 응용하면 '연구 없는 대중화는 공허하고 대중화 없는 연구는 절름발이'라고 할 수 있을 것이다. 연구와 대중화 작업을 함께 추진하는 일이야말로 그 둘을 더 높은 수준으로 올려놓는 길이며 동시에 지식인 공동체와 일반 대중 모두를 성숙하게 만드는 방법이다. 물론 결코 만만치 않은 일이겠지만 말이다.

국내 스포츠계는 한동안 올림픽 금메달을 목표로 엘리트 교육에 매진해왔다. 재능이 있는 선수 몇 명을 뽑아 집중적으로 육성하는 엘리트 교육은 올림픽에서 메달 수를 늘려주었지만 국내 스포츠계의 발전을 가져오지는 못했다. 가령 레슬링은 올림픽에서 많은 수의 메달을 국민에게 선사하지만 레슬링 자체를 즐기는 대중들은 거의 없다. 엘리트 교육으로 메달 수가 늘어났으니 스포츠 강국이 되었다고 주장하는 사람도 있겠지만 최근에는 그런 엘리트 스포츠 정책을 실패한 것으로 간주하는 사람들이 훨씬 더 많다. 왜냐하면 좋은 스포츠 정책이란 일차적으로 더 많은 사람들이 스포츠를 즐기도록 유도해야 하기 때문이다.

국내 지식계는 어떤가? 엘리트 교육 정책의 성공 여부와 상관없이 지식의 선수층이 너무 얇다는 것은 우리 지식계의 오래된 숙제 중 하나다. 좋은 교육 정책이란 더 많은 사람들이 지식을 즐기게 하는 것이라고 한다면, 우리는 매번 실패하고 있는지도 모른다.

'한두 명의 천재가 몇만 명을 먹여 살린다'는 첨단 지식 사회에서 몇 명의 탁월한 지식인을 길러내는 일은 물론 중요하다. 하지만 그 몇 명을, 지식을 즐기는 수많은 보통 사람들 중에서 발굴해 키우는 일은 더 중요하다. 그것은 〈지식인마을〉의 미래를 짙어질 우리 새싹들의 뿌리를 더욱 튼튼히 하는 일이기 때문이다. 뿌리가 튼튼하면, 그리고 선수층이 두터우면 몇 명의 지식인이 부상을 당해 벤치 신세를 지더라도 다른 선수들이 별다를 바 없는 실력으로 경기장에 나설 수 있다.

이제 '미래는 지식 사회'이고 '지식 강국이 미래의 살길'이라고 한다면, 지식을 즐기는 사람들이 늘어나게 하는 일은 매우 중요한 과제가 될 것이다. 〈지식인마을〉 시리즈는 바로 지식층을 두텁게 만드는 프로젝트다. 미래 지식인을 꿈꾸는 국내의 젊은 지식인들이 지식을 갈망하는 독자의 호기심과 열정을 되살리기 위해 함께 밤을 지새우며 만들어낸 작품이다.

〈지식인마을〉의 새로운 주민은 바로 당신이다!

지식인마을의 당당한 주민 되기

지식인마을의 당당한 주민 되기

학문 분야를 인문, 사회과학과 자연과학으로 분류해온 종래의
분류법을 당연한 것으로 받아들이는 사람이 있다면 그는 40여
년이나 시대에 뒤진 학문관을 지녔다고 볼 수 있다.

이정모(성균관대학교 심리학과 명예교수)

2006년 어느 가을날 서울대의 학부 수업을 마치고 연구실로
돌아오는 길이었다. 초롱초롱한 눈으로 맨 앞자리에서 활발하게
수업에 참여하던 한 학생이 내 뒤를 쪼르르 따라오고 있었다.
"무슨 질문 있어요?" "아니요. 그게 아니고요, 선생님을 좀 인터
뷰하고 싶은데요. 한 30분 정도 시간을 내주실 수 있나요?" "내
가 무슨 유명 인사도 아닌데 웬 인터뷰예요?"라고 웃음을 짓자
그는 차근차근 경위를 설명했다. 그의 말인즉, "성공한 학습자의
학습 전략을 조사해보는 교육학과 과제가 있는데 선생님을 인터
뷰하기로 했다"는 것이었다. 물론, 나는 성공한 학습자도 아니

고, 남들에게 얘기해줄 만한 학습전략 같은 것도 체계적으로 정리돼 있지 않다고 손사래를 쳤다.

하지만 실망하는 그의 눈망울을 보니 마음이 흔들렸다. '과제는 해야겠는데 성공한 학습자는 저 멀리 있고 수업을 들어보니 여기에 뭔가 있는 것 같기도 하고……' 아마 그 친구의 마음은 그랬을 것이다. 나는 인터뷰를 녹음한 후 정리해서 보내주겠다는 그의 말에 한편으로 솔깃해지기도 해 인터뷰 약속을 잡았다.

나는 '무슨 무슨 학습법' 같은 것을 자신 있게 말할 수 있는 교육학자는 아니다. 그렇다고 '어딜 수석으로 입학하고 최연소로 졸업'한 화려한 경력이 있지도 않다. 과학고등학교를 2년 만에 졸업하고 대학에 가긴 했으나 중요한 시기에 전공 공부에 흥미를 잃어 4년 반 만에 겨우 졸업한 비영재 학생이었으며, 전공을 바꿔 대학원에 진학했지만 거의 10년 동안이나 대학원생으로 느릿느릿 살아온 더딘 학자다. 이런 면을 본다면 나는 학습과 교육에 관해 이른바 '성공 스토리'를 쓸 수 있는 인재는 못 된다.

하지만 만일 공부를 즐겨본 사람, 지식인과 사랑에 빠져본 사람, 지적 회열을 맛본 사람, 그리고 아직도 호기심과 열정이 마르지 않은 사람들에게 배움에 대해 이야기할 수 있는 자격이 주어지는 경우라면 가벼운 마음으로 시작할 수 있을 것 같았다.

며칠 후에 그 친구는 인터뷰 내용을 전부 기록한 파일을 내게 보내왔다. 나는 〈지식인마을〉의 독자를 위해 여기에다 몇 가지 부연 설명을 달아보았다. 이것은 성적을 올려주고 많은 것을 기억하게 하는 유명한 학습법이 아니다. 단지 어떻게 하면 우리도 〈지식인마을〉의 당당한 주민이 될 수 있는지를 궁금해하는 독자들에 대한 시리즈 기획편집자의 대답이다.

질문에는 전공이 없다

장대익(이하 장) : 쑥스럽네요. 어쨌든 하기로 한 것이니 시작해보세요.

김경윤(이하 김) : 먼저 저희가 진행하는 연구의 개요부터 간략하게 설명해 드리겠습니다. 사범대학 4학년 수업 중에 '성인학습방법론'이라는 것이 있습니다. 어떤 분야에서 보통 이상의 성취를 이룬 분들에게는 특별한 학습 방법과 노하우, 그리고 지식을 습득하는 방법과 정리 방법이 있을 것이라고 가정하고 그분들을 직접 인터뷰하는 프로젝트를 수행 중입니다. 제가 선생님이 쓰신 글도 읽고 수업도 들어보았는데 몇 가지 부분에 개척자적인 역할을 하고 계시다는 것을 발견했습니다. 그래서 저는 선생님이 '성공적 학습자'라고 생각하고 선생님의 공부 방법에 대해서 묻고 싶었던 겁니다.

장 그래도 저를 알아봐주는 분이 있었네요. (웃음) 농담입니다. 무슨 질문인지는 알겠는데 되게 거창하네요. 그러니까 제가 어떻게 공부하느냐를 알고 싶은 거죠?

김 네. 너무 식상한 질문인가요?

장 아닙니다. 매우 중요한 질문이에요. 사실 저는 몇 년 전부터 그 질문에 대해 깊이 생각해오고 있었거든요. 사람들이 지식을 쌓는 데만 바쁘지, 어떤 방법으로 할 것인지에 대해서는 관심이 별로 없는 것 같아요. 물론 "공부를 어떻게 하면 좋은 대학에 간다"라든지 "강남 아무개 선생의 학원 강의가 용하다", "토익 고득점을 위해서는 이런 방법이 최고다"라는 등의 공부 방법은 넘쳐나고 있지만 정작 인생을 살면서 어떤 방식으로 지식과 교양을 넓혀갈 것인가를 고민하고 실험해보는 사람은 상대적으로 소수인 것 같아요. 이제는 '좀더 큰 어떻게'를 생각해볼 시점인 것 같아요.

김 '좀더 큰 어떻게'가 뭔지 궁금해요.

장 그냥 제 이야기를 해볼게요. 저의 공부 스타일은 어느 때부터인지 매우 산만해졌어요.

김 네?

장 어떤 분야에서 질문이 생기면 그걸 꼭 다른 분야까지 끌고 다녀요. 가령, 심리학 시간에 정상적인 인간은 네 살 정도가 되면 다른 사람의 마음을 읽을 수 있는 능력이 생긴다는 사실을 배웠다고 해보죠. 그러면 저는 머릿속으로 이런 질문을 해요. '그러면 침팬지도 그런 능력이 있을까? 있다면 침팬지는 몇 살에 그렇게 될까? 강아지는 어떨까?' 제 머리는 이미 동물행동학 강의실로 가 있게 되는 것이지요. 그러다가 이런 질문으로까지 번져요. '로봇도 다른 로봇의 마음을 읽을 수 있을까?'

김 정말 산만하네요. (웃음)

장 산만해 보이는 것은 맞아요. 하지만 어떻게 보면 매우 간결한 사고방식이라고도 할 수 있지요. 왜냐하면 심리학, 동물행동학, 로봇공학 등의 여러 분야를 향해 공통된 질문을 던지는 경우니까요. 사실 심리학, 경제학, 철학, 생물학 등의 전공 분야는 원래부터 있었던 구분은 아니잖아요. 우리가 좀더 효율적으로 연구하기 위해 만들어놓은 인공적인 칸막이죠. 각 칸막이 안에서만 통하는 질문이 있기는 하지만 중요한 질문들은 대개 특정 칸막이에 갇혀 있지는 않은 것 같아요.

김 질문에는 전공이 없다는 말씀처럼 들리네요.

장 그것 참 멋진 표현이네요(적어놓아야겠네). 위대한 질문은 전공에 구애받지 않는 것 같아요. 분야를 정해놓고 그 안에서만 질문과 답을 주고받으면 일정한 한계가 있지만, 질문을 정해놓고 그것에 답하기 위해 연관된 분야의 지식들도 고려하게 되면 이해의 지평은 계속 넓어질 수 있다고 생각해요.

김 그런 것을 선생님이 직접 경험하신 적이 있나요?

장 물론이죠. 몇 해 전에 전국의 인지과학 학생들과 '커뮤니케이션'이라는 주제로 심포지엄을 한 적이 있었어요. 저는 커뮤니케이션에 대한 인지과학적 연구를 발표하는 자리라고만 생각했었는데 실제로 인간과 기계, 기계와 기계, 동물과 동물, 동물과 인간, 심지어 동물과 기계의 커뮤니케이션도 다뤘지요. 또 세포와 세포, 분자와 분자 간의 커뮤니케이션도 논의 주제였어요. 심포지엄에 참석한 모든 사람들이 커뮤니케이션의 본질은 무엇인가라는 의문을 가졌던 거예요. 그래서 세포학자, 동물행동학자, 인공지능학자, 언어학자가 머리를 맞댄 것이죠. 아주 재미있었어요.

김 와, 정말 대단했겠는데요. 하지만 전문가가 아닌 사람도 그런 질문들을 할 수 있을까요?

장 저는 당연히 할 수 있다고 생각해요. 궁금한 게 있으면 그걸 억누르지 않고 오히려 키워보는 거예요. 대신 자기 전공에서만 맴돌지 않고 늘 다층적으로 생각하려고 노력하는 게 중요하죠. 알고 싶은 게 있다면 용감하게 질문하면 됩니다. 오히려 많이 알면 좋은 질문을 할 수 없는 경우도 있는 것 같아요.

김 하지만 용감하게 질문할 수는 있지만 좋은 질문을 하기란 쉬운 일이 아닌 것 같아요.

장 그래서 저는 '용감한 질문'이라는 말보다 '정직한 질문'이란 말을 더 좋아합니다.

김 정직한 질문요?

장 정말로 알고 싶은 것을 묻는 거예요. '질문이나 한번 해보자'가 아니라 자신의 지식뿐만 아니라 다른 이의 지식까지도 총동원해 답을 알고자 하는 태도, 바로 그런 태도에서 정직한 질문이 나온다고 생각해요. '지식 총동원령'을 선포할 준비가 되면 어떤 질문이라도 저는 훌륭하다고 생각합니다.

김 선생님과 나눈 첫 화두는 '질문'인 것 같네요. 분야에 집착하지 말고 질문을 중심으로, 혹은 하나의 주제를 중심으로 지식을 쌓으라는 말씀이시죠? 멋진 말씀이긴 한데 꼭 그렇게 해야만 할까요? 한 우물만 깊이 파는 것도 중요하잖아요. 이건 저의 '정직한 질문'입니다. (웃음)

장 (웃음) 물론입니다. 제가 지금까지 드린 말씀이 '한 우물만 깊이 팔 것이냐, 아니면 여러 우물을 조금씩 팔 것이냐'의 이분법적 구도를 전제한다고 생각하지는 않아요. 제 말의 핵심은 정직하게 질문을 던지자는 것이에요. 그게 모든 지식의 출발이라고 생각합니다.

특히 요즘은 여러 분야의 지식들이 하나 둘씩 모여 몇 가지 원리들로 통합되고 융합되는 모습을 보이고 있어요. 30~40년 전만 해도 학문 분야들을 좀더 쪼개고 나누는 일들이 활발했는데 지금은 오히려 그 반대 방향으로 가는 거죠. 분야들 사이에 놓였던 칸막이들이 하나 둘씩 사라지고 그 자리에 새로운 통합의 움직임이 일어나고 있어요. 가령 생물학과 화학이 만나 생화학이 되고 철학, 언어학, 심리학, 컴퓨터공학 등이 만나 인지과학이 생겨나는 식이죠. 이제는 협동의 시대가 되고 있는 거예요. 미래 지식인은 틀림없이 이런 넘나듦의 미학을 즐길 수 있는 사람일 겁니다. 벌써부터 그런 무리들이 생겨나고 있어요. 제가 수업 시간에도 소개드린 바 있죠? 에저 (edger)들 말이에요.

김 에지 재단에 참여한 지식인들 말인가요?

장 네, 맞아요. 그들의 면면을 보면 자신의 분야에서 일가를 이룬 석학들인데 그들이 화두로 삼는 것이 무엇인지를 들어보면 전문가가 아닌 대중들도 쉽게 이해할 수 있고, 또한 진정으로 궁금해하는 것들이에요. 그들은 '내 전공, 네 전공'을 따지지 않는 것 같아요. 곧바로 질문하고 함께 협력하며 답을 찾아가죠. 협력을 하려면 다른 분야의 지식도 어느 정도 습득하고 있어야겠지요. 이게 바로 미래 지식인의 모습이 아닐까 싶어요. 실제로 그들 중 상당수가 세상을 선도할 지식인들로 선정되곤 해요(〈지식인마을〉을 짊어질 새싹들도 이렇게 통합적 사고력을 지닌 사람들일 것이다).

이제 '전공'이 무엇이냐고 묻는 시대는 가고 '질문'이 무엇인가를 묻는 시대가 도래하고 있어요. 다양한 분야를 폭넓게 이해하는 제너럴리스트냐 한 분야에 전문성을 띤 스페셜리스트냐를 구분짓는 시대가 아닌 통합적 시야를 지닌 전문가, 즉 제너럴스페셜리스트인지가 중요한 시대가 오는 것이죠. 지식의 순수 혈통을 따지던 시대에서 지식의 하이브리드를 선호하는 시대가 눈앞에 펼쳐집니다. 융합과 통섭은 미래 지식계의 최대 화두가 될 것 같은 느낌이에요.

내 머릿속의 도서관: 노웨어(know-where)

김 선생님, 이제 좀더 구체적인 이야기를 해주세요. 아까 '지식 총동원령'이라는 재밌는 표현을 쓰셨는데요. 선생님은 그것을 어떻게 발동하시나요?

장 제 경우에는 책 읽기가 가장 중요한 것 같아요. 그런데 처음부터 아무 책이나 무작정 읽을 수는 없을 거예요. 가령 철학자가 동물행동학 책을 한 번에 소화하기는 쉽지 않죠.

김 그럼 비법이라도 있나요?

장 있지요. 이건 공짜로 가르쳐줄 수 없는데…….

김 띠용?

장 하하. 그럼 제 나름의 비법을 말씀드릴게요. 우선 관심 있는 과목의 개론 수업을 들어보세요. 배움은 정직해요. 개론 없이 각론, 특론으로 올라갈 수는 없거든요. 관심을 둔 주제가 있다면 평상시에 기초를 닦는 일이 필요합니다. 제 경험으로 비춰보면 대학 1학년생을 위한 기초 교양 과목만큼 좋은 것은 없는 것 같아요. 어떤 사람들은 개론 수업이 별것 아니라고 무시하는데 사실은 전혀 그렇지 않아요. 가르치는 입장에서도 개론 강의만큼 힘든 것이 없거든요. 그 분야의 거의 모든 주제를 다 꿰고 있어야 하니까요.

김 개론 수업이 특별히 좋은 이유가 있나요?

장 물론입니다. 개론 수업은 일종의 노웨어(know-where)를 배우는 시간이라고 할 수 있어요. 어떤 주제에 대한 주요 쟁점이 무엇이고, 주요 지식인은 누구인지를 배우는 시간이기 때문이지요. 개론 수업만 듣고 단번에 깊은 경지로 가지는 못합니다. 대신 나중에 더 궁금해지는 것이 있으면 '아, 어딜 찾아보면 되겠구나. 이것과 관련된 지식인은 이 사람이지. 책은 어디 있더라'라는 '지식의 주소'를 배울 수 있어요. 마치 우리 머릿속에 큰 도서관이 있다면, 그 도서관의 책장 한 칸을 새 책들로 채우는 것처럼 말이죠. 물론 책의 내용을 다 외울 필요는 없어요. 단지 어떤 제목과 주제, 어떤 저자의 책이 어디쯤에 있는지만 알면 됩니다. 나중에 질문이 생길 때 책을 찾을 수만 있으면 되니까요.

[김] 그렇군요. 하지만 개론 강의를 들으라는 선생님의 조언은 대학생들한테나 해당되는 얘기 같은데요. 고등학생이나 일반인들은 어떻게 해야 할까요?

[정] 실제로 우리에겐 아직 익숙하지 않은 일이지만 직접 찾아다니면 배울 수 있는 기회는 얼마든지 있어요. 예를 들어 일반인이라도 담당 교수에게 허락을 받으면 청강도 얼마든지 가능하고요. 각종 온라인 강의도 있고, 여러 사설 아카데미에서도 양질의 강의들을 많이 준비하고 있죠.

그리고 개론 강의에 관해 꼭 하고 싶은 말이 있었어요. 외국 학자들은 종종 자신이 대학의 저명한 교수임에도 불구하고 다른 과의 개론 수업에 공부하러 가곤 해요. 우리에게는 매우 낯선 풍경이죠? 하지만 실제로 하버드 대학교의 저명한 동물행동학자 에드워드 윌슨은 정교수 시절에 수학을 좀더 공부하려고 학부 신입생이 듣는 대학수학을 청강한 적도 있어요. 그러더니 몇 년 후에 생태수학 책을 냈죠. 대단한 저력이라고 생각하지 않으세요? 현재 KAIST 총장이 된 전 MIT 기계공학과 석좌교수도 교수 시절에 학부 생물학 과목을 청강한 경험이 있다고 해요. 그러면서 개론 수업의 중요성에 대해 역설했죠.

또한 외국의 유수한 대학에서는 신입생들을 위한 교양 과목을 그 분야의 대가들이 맡는 경우가 많아요. 예컨대 노벨상 수상자들이 신입생을 위해 일반 생물학을 가르치는 식이지요. 학생들은 그분들을 통해 많은 것을 배울 수 있을 거예요.

김 그렇군요. 아직 우리 사회에서는 낯선 풍경이라는 사실이 조금 아쉽네요. 개론을 공부하는 가장 쉬운 방법으로 개론 책을 찾아보는 것도 도움이 되겠지요?

장 물론입니다. 개론 책도 큰 도움이 되죠. 문제는 좋은 개론서를 찾아내는 것인데요. 다양한 방법이 있을 것 같아요. 고등학생이라면 학교 선생님의 도움을 받을 수 있을 것이고, 일반인은 서점이나 인터넷 사이트의 각종 서평이나 목록을 통해 알아볼 수도 있지요. 그래도 성에 차지 않는다면 대학 게시판에 쳐들어가 책을 추천해달라고 부탁하는 방법도 있어요. 그러면 대개는 답을 해줄 겁니다.

김 배움에는 상당한 용기가 필요한 것 같아요. 개론을 공부하면 그다음에는 뭐지요?

장 개론 공부를 마치면 노웨어를 알게 됩니다. 머릿속 도서관에 책장이 하나 새롭게 생긴 것이지요. 그러니 어떤 상황에서든 질문이 마음속에 떠오르면 머릿속 도서관에 마련해놓은 각각의 책장을 검색하면 돼요. '어디쯤에 가면 답을 얻을 수 있겠구나' 하고요. 만일 개론을 공부하지 않았다면 막연한 질문만 머릿속에서 둥둥 떠다닐 뿐, 그 질문을 풀 수 있는 책을 찾지 못해 헤매게 됩니다. 수취 불명의 질문들인 셈이지요.

김 그동안 개론 수업을 다소 얕잡아 봤는데 그게 아니군요. 저는 전공에 진입하기 전에 그저 학점이나 따려고 앉아 있는 경우가 많았거든요. 어쨌든 보통 노하우(know-how)나 노왓(know-what)을 강조하는 분들이 많은데 선생님은 노웨어가 중요하다고 하시니 신선하네요. 개론의 중요성에 대해 새삼 깨닫게 되었고요.

줌인, 줌아웃

김 개론을 통해 도서관 한편에 책장을 몇 개 갖다 놓았다면 그다음에는 어떻게 해야 하나요?

장 그야 간단하죠. 책장에 책을 채우면 돼요.(웃음)

김 선생님은 어떤 식으로 채우시나요?

장 저는 우선 비슷한 책을 막 모으는 편이에요. 어떤 주제나 질문이 나를 계속 사로잡는 것 같다고 느끼면, 개론 공부를 통해 얻은 관련 자료부터 시작해서 최근의 문헌들까지 섭렵하는 스타일이지요. 그런 면에서 볼 때, 개론 도서의 맨 뒤에 나오는 참고문헌 자료는 매우 중요하다고 할 수 있습니다. 참고문헌은 꼬리에 꼬리를 물고 계속 늘어나요. 그걸 다 채우는 거죠.

김 그 책값을 어떻게 다 감당하세요?

장 그러게 말입니다.(웃음)

김 마치 한 우물을 끝까지 파보는 전략 같아요. 게임으로 치면 마지막 판까지 깨지 않으면 직성이 안 풀리는 그런 사람들처럼 말이에요.

장 저는 단 한 가지 궁금증이라도 해결해본 경험이 없다면 그 어떤 문제도 해결할 수가 없다고 생각해요. 질문을 던졌다면 집요하게 파고들어 가야 답을 얻을 수 있잖아요. 설령 그것이 나중에 오답으로 판명되더라도 끝까지 가보는 경험이 필요합니다. 그렇지 않으면 문제를 해결하는 힘을 기를 수 없는 것 같아요. 팔굽혀펴기를 할 때도 비록 힘들더라도 자신이 할 수 있는 횟수에서 조금 더 해야 근육에 힘이 생긴다고 하잖아요. 근육에 힘이 생기는 건 둘째 치고 그렇게 해야 희열도 생기고 성취감도 맛볼 수 있고, 자신감도 생기는 것 같아요. 공부도 마찬가지라고 생각해요.

김 쉽게 이야기하면 어떤 공부를 하더라도 마니아처럼 해라, 뭐 그런 뜻인가요?

장 네. 그렇죠. 그런 지적 희열을 경험하지 않고는 지식을 즐길 수 없는 것은 분명한 것 같아요. 제 경험을 좀 이야기해볼게요. 저는 대학원에 와서 철학을 공부하기 시작했어요. 학부 다닐 때는 철학에 관심은 있었지만 기계공학을 공부하던 학생이었기 때문에 기본적으로 인문학적 소양이 부족했었죠. 왜 공대 학생들을 '공돌이'라고 그러잖아요.

김 맞아요. 저도 공대 다니는 제 친구를 그렇게 부르곤 해요. 그러면 그 친구는 저보고 그러죠. 입만 살았다고요. 어쨌든 서로를 폄하하는 말들이 있죠.

장 네. 저도 대학원에 왔지만 철학 지식은 초보 수준이었어요. 그래서 철학과 학부 수업에 들어가기 시작했는데 학기 중반까지 한마디도 못하겠더라고요. 그들이 쓰는 단어의 뜻도 이해되지 않았고 왜 저렇게 빤한 것을 가지고 치열하게 토론하는지도 잘 모르겠고요. 그래서 개론서부터 읽고 비슷한 주제의 철학책들을 잔뜩 빌려서 마구 읽기 시작했어요. 가령 실존주의 철학이라 그러면 실존주의와 관련된 책을 몇 권 놓고 차례로 읽어나가는 식이었죠. 그랬더니 학기가 끝날 때쯤 되니까 조금씩 알겠더라고요. 토론에도 참여할 수 있게 되었고 리포트도 아주 좋은 점수를 받았던 기억이 납니다. 그때부터 공부하는 데 자신감이 붙기 시작한 것 같아요. 철학을 이해할 수 있

는 공돌이라면 무엇을 못 하겠냐는 생각이 들었어요.(웃음)

그러다가 박사를 시작할 때쯤에는 진화생물학, 동물행동학 같은 생물학 공부를 시작했는데 그 당시에도 비슷한 전략을 사용해서 큰 효과를 봤습니다. 개론 강의를 듣고 궁금한 주제나 질문이 생기는 대목을 집중적으로 공부하는 전략. 몇 년 전부터는 인지과학과 영장류학에도 발을 들여놓았는데 이때도 같은 방식으로 공부를 해나갔어요. 이런 식으로 지식의 영토를 확장해나가니 공부가 재미있을 수밖에 없었지요.

김 와, 대단한 식욕, 아니 지식욕이시네요.

장 가끔 이렇게 다양한 분야를 어떻게 다 공부했냐고 물어보시는 분이 계세요. 그러면 저는 그렇게 말해요. 모든 것을 동시에 공부한 것은 아니라고요. 지식이라는 것이 끝이 없긴 하지만 한 분야를 몇 년 동안 꾸준히 공부하면 대략의 지형도가 보이거든요. 그것이 보일 때까지 공부하는 거죠. 그런 다음에 다른 땅으로 천막을 옮깁니다. 쳐놓은 천막이 많아지면 어떤 질문들이 들어와도 대략 감을 잡을 수 있어요. 어디로 가서 어떻게 해결하면 될 것이라고요. 하지만 무척 오래 걸리는 작업이죠. 저는 지금도 계속 천막을 치는 중입니다.

김 하지만 누구나 그렇게 할 수는 없을 것 같아요.

장 글쎄요. '누구든 하루에 10분씩만 10년간 공부하면 어떤 분야든 전문가가 될 수 있다'라는 말이 있잖아요. 그게 안 된다면 하루에 10분, 30년을 하면 되지 않을까요? (웃음) 사실 저는 꿈꾸고 있는 프로젝트가 있어요. 지금까지 제가 공부했던 지식의 영역들을 몇 가지 개념적 실들로 엮어보는 일입니다. 생물학, 심리학, 철학을 관통하는 공통된 물음에 대한 답을 찾는 작업. 저는 이것을 박사 학위 논문에서 처음으로 시도해봤는데 좋은 시도라고 생각은 하지만 아직 갈 길이 먼 것 같아요.

저는 이런 작업을 디지털 카메라에 비유합니다. 디지털 카메라를 보면 줌인, 줌아웃 기능이 있잖아요. 사물을 가깝게 당겨서 보는 줌인 기능은 아까 얘기한 마니아 방식과 유사해요. 한 문제에 천착하는 것이죠. 사물이 정교하게 보일 때까지 기다리는 방식입니다. 반면 줌아웃 기능은 여러 사물들을 멀리서 바라보는 것이죠. 줌인을 했을 때는 보이지 않던 관계와 배치가 보이기 시작합니다. 봉천동의 지도를 그리려면 줌인을 해야겠지만 세계 지도를 그리려면 줌아웃을 해야죠.

김 나무를 볼 것인가, 숲을 볼 것인가라는 문제의 디지털화라고 할 수 있겠네요. (웃음) 하지만 제게는 여전히 멀게만 느껴져요.

장 사실 우리에게 줌아웃을 할 수 있는 여유가 많지 않은 것이 사실입니다. 그리고 필요 이상으로 세분화된 학제와 전공 간에 놓인 두터운 장벽으로 인해 줌아웃을 해보려는 우리의 노력이 무산되는 경우도 많고요. 하지만 불가능한 것도 아니에요.

'환경'이라는 주제를 한번 줌아웃 해볼까요? 생태학자는 이 단어에 대해 생태적 환경을 먼저 이야기할 겁니다. 환경 운동을 하는 사람들이 생각하는 환경은 그와는 조금 다를 거고요. 세포생물학자들은 세포 내의 분자 환경을 중요시할 겁니다. 왜냐하면 세포 내 환경에 따라서 세포의 발생이 달라질 수 있거든요. 평범한 부모들은 아이들의 교육 환경을 걱정하며 아이들에게 좋은 가정환경을 제공하려고 노력해요. 이 모든 경우가 각각의 분야는 다르지만 '환경'이라는 공통된 질문을 가지고 있잖아요. 이처럼 우리가 '환경'을 이해하고, 좋은 환경을 어떻게 만들 것인지, 그리고 나쁜 환경은 어떻게 제거할 것인지에 관심을 가진다면 이런 줌아웃은 충분히 가능할 거라고 생각해요. 그리고 실제로 이런 방법은 매우 유용하고요.

한 가지만 덧붙일게요. 최근 인지과학적 연구 결과에 따르면 우리 인간의 두뇌에는 여러 영역을 넘나들며 추론할 수 있는 메커니즘이 있다고 합니다. 즉, 여러 지식 영토들을 가로지르며 한데 묶을 수 있는 통합 장치가 있다는 뜻이죠. 따라서 누구나 줌아웃을 할 수 있습니다. 물론 이 통합 능력에 개인 차는 존재하지만 정상적인 인간이면 누구나 그런 잠재력을 지니고 있다는 사실이 매우 중요합니다. 위대한 지식인, 불멸의 예술가들은 모두 이런 '지식의 넘나듦'에 탁월한 사람들이었습니다.

지식의 변주곡 듣기

김 선생님, 조금 다른 질문을 드리고 싶어요. 흔히 지식을 쌓기 위해서는 고전을 많이 읽으라고 하잖아요. 그런데 저는 솔직히 잘 모르겠어요. 대체로 과거에 쓰인 책들이라 읽어도 무슨 말인지 잘 모르겠고, 말 자체도 너무 어렵고요. 또 그것이 오늘날 어떤 의미를 담고 있는지 짐작하기가 어려워요. 저도 대학에 들어올 때 논술 때문에 고전의 내용들을 요약한 다이제스트를 읽은 기억은 있지만, 아직까지 찜찜해요. 이번에도 '정직한 질문'을 던져볼게요. 잠만 오는 고전을 왜 읽어야 하죠? 이젠 선생님이 '정직한 답변'을 하실 차례예요.

장 불면증 치료제이기 때문이지요(웃음). 농담입니다만, 국내에 번역된 고전을 읽다 보면 말 자체가 어려워서 정말로 졸음을 참기가 힘듭니다. 우리가 지금 읽어도 이해될 수 있도록 매끄럽게 번역된 책이 많지 않아서일 거예요. 다행스럽게도 몇 해 전부터 학술진흥재단이나 학술협의회 등을 비롯한 몇몇 기관들에서 고전들을 새롭게 번역하는 프로그램을 진행하고 있어요.

김 그럼 저만 졸린 것은 아니었네요.

장 하지만 번역의 문제만은 아닌 것 같아요. 어떤 책이든 그것이 나오게 된 배경과 시대 상황이 있지 않겠어요? 최근 우리나라에서 입시 관련 서적이 엄청나게 많이 나오는 것처럼 말이죠. 고전은 우선 그 시대의 산물이기 때문에 그때의 정황을 알지 못하면 저자의 메시지를 놓치기 십상이에요. 무슨 문제를 다루기 위해, 어떤 독자들을 대상으로, 그리고 무슨 지적 자원들을 활용해 집필했는지를 염두에 두고 읽지 않는다면 힘들게 읽고도 남는 게 없는 것이 바로 고전입니다.

김 선생님은 그럼 어떻게 고전을 읽으시나요?

장 그 질문에 답하기 전에 '왜 읽어야 하는지?'에 대해 먼저 대답해볼게요. 고전은 어렵지만 읽으려고 노력해야 하는 것은 분명합니다. 왜냐하면 고전이 제기하는 물음들이 오늘날에도 비슷한 형태로 다시 등장하기 때문이지요. 시대 상황과 지적 배경이 달라지더라도 선배 지식인들이 제기했던 질문들은 지금도 여전히 유효한 경우가 많아요. 사실 이것은 종교 경전을 읽을 때와 비슷한 느낌이지요. 불경이나 성경을 읽다 보면 그 경전의 저자들이 가진 놀라운 통찰력에 전율을 느낄 때가 있지 않나요? 바로 지금, 여기 나의 문제를 다루는 듯한 느낌요. 고전도 마찬가지예요. 우리 두뇌를 깜짝깜짝 놀라게 만들죠.

김 제 질문은 그런 전율을 꼭 느낄 필요가 있느냐는 거죠.

장 갑자기 질문이 삐딱해지네요. (웃음) 그럼 고전 읽기가 지적 쾌락만을 위한 것이 아님을 입증해볼게요. 30초면 됩니다. 한 집에 두 형제가 살고 있었어요. 아버지는 매우 재능 있는 목수였지요. 두 아들에게 모두 목수일을 가르쳐줬어요. 아버지가 돌아가시자 두 형제는 서로 다른 곳으로 이사를 가서 각자 가정을 꾸렸어요. 형은 아버지에게서 물려받은 목수 일에 대한 지식을 자기 자식에게도 전수했지요. 반면 동생은 목수 일은 자기만으로 족하다고 생각하고 자기 자식에게 아무것도 전수하지 않았습니다. 이런 식으로 여러 세대가 지나도록 자식들이 대를 이어 목수 일을 계속하게 되었다면 어떤 일이 벌어질까요? 과연 어떤 가족이 더 풍족하게 살고 있을까요? 답은 뻔하지요. 이처럼 고전은 다음 세대의 번영을 위해 대물림되어야 하는 지혜의 책입니다. 그러니 우리가 읽지 않고 다음 세대에 전달해주지 못한다면 현재의 우리에게만 손해가 생기는 게 아니라 인류의 미래가 암울해지는 거겠죠? 매 세대마다 거의 처음부터 다시 시작해야 하는 수고를 해야만 하니까요.

김 오, 이제 알겠어요. 그러면 당장 이해가 안 되는 고전이라도 장서처럼 서재에 꽂아놓아야겠네요? 제 딸이 나중에라도 읽게 말이죠? (웃음)

장 저도 그래서 고전을 마구 모으는 중입니다. (웃음) 생각해보세요. 오늘날 일주일에 책이 몇 권 출간되는지. 전 세계적으로 얼마나 많은 책이 빛을 보겠습니까? 물론 옛날에는 요즘처럼 출판 여건이 좋은 것은 아니었겠지만 그래도 수없이 많은 책들이 매년 나왔을 거예요. 고전은 그중에서도 빛나는 화제작이었던 겁니다. 그걸 몇십 년에 한 권, 몇백 년에 한 권씩 뽑는다고 해보세요. 대단한 책인 거지요. 그러니 그것을 무시하는 것은 바보나 하는 짓이라고 할 수 있어요. 지식의 엑기스를 한 권으로 다운로드받을 수 있다는데 그것을 마다한다면 너무 큰 손해잖아요.

[김] 그럼 고전 읽기를 재밌게 할 수 있는 방법 좀 알려주세요.

[장] 요즘 제가 읽는 고전 중에 다윈의 《종의 기원Origin of Species》이라는 책이 있어요. 사람들이 이 책을 많이 인용하긴 하지만 끝까지 제대로 읽어본 사람들은 그렇게 많지 않습니다. 저 또한 연구를 위해 몇 부분들은 자세히 읽어본 적이 있어도 전체를 쭉 읽어본 적은 딱 한 번뿐이에요. 지금은 조금 다른 방식으로 읽기 시작했어요. 한 장씩 읽되 그 한 장이 쓰인 역사적, 개념적 배경들을 공부하면서 읽습니다. 그리고 한 장에서 다윈이 전달하고자 하는 내용이 정확히 무엇인지를 파악해요. 그런 다음에 그 지식이 현대로 오면서 어떻게 수정되고 변하는지를 찾아봅니다. 이렇게 읽다 보면 절대 졸리지 않아요. 마치 뭔가 퍼즐을 푸는 느낌이지요.

[김] 특별히 그렇게 하시는 이유가 있나요? 재미 외에?

[장] 저를 오늘 끝까지 밀어붙이네요. (웃음) 지식의 본성 때문에 그렇습니다. 지식은 시대 속에서 태어나고 지식인들의 네트워크 속에서 발전하지요. 지식도 진화를 겪는 것입니다. 마치 지식의 고고학자처럼 이 과정을 추적해가다 보면 과거와 현재에 다리가 놓입니다. 오늘의 문제가 과거의 변주곡이었음이 드러나게 되지요. 사실 요즘 제가 여러 젊은 선생님들과 아주 야심 찬 지식 프로젝트를 진행하고 있어요. 〈지식인마을〉이라는 지식 교양 시리즈를 만드는 일인데요, 제가 지금까지 이야기한 방법들이 다 녹아 있지요. 특히 고전을 직접 재밌게 읽고 싶은 사람들이 이 시리즈를 먼저 읽으면 큰 도움이

될 거예요.

김 책이 나오면 알려주세요. 꼭 사보겠습니다.

공부에도 슬럼프가 온다

김 이제 시간이 두 시간이 흘렀어요. 마지막 질문입니다.

장 벌써 시간이 그렇게 되었나요. 너무 신나게 이야기해서 시간 가는 줄도 몰랐어요.

김 지금까지는 다 멋진 얘기였다면 조금 힘든 이야기를 해볼게요. 선생님 수업을 듣고 있으면 선생님이 유독 호기심과 열정을 강조하시는 것 같아요. 지식인은 그걸 잃어버려서는 안 된다고 매번 지겹도록 말씀하시잖아요? 제 생각으로도 이 모든 것들이 어찌 보면 호기심과 열정 때문에 가능한 것 같아요. 그런데 항상 호기심과 열정이 끓어오를 수는 없지 않나요? 바이오리듬처럼 어떤 때는 바닥 상태일 때도 있고 그러다가 영영 바닥을 치고 올라오지 못하는 경우도 생기겠고요. 선생님은 그런 경험 없으신가요?

장 갑자기 구름에서 내려오는 느낌입니다. 왜 없겠어요. 어쩌면 매일 그것과 싸운다고 해도 과언이 아니죠. 공부에도 슬럼프는 옵니다. 당연히 배움이 지겨울 때가 있지요. 이 지겨움에는 나이가 없습니다. 아마 갓 돌이 지난 아기도 배우기 싫을 때가 있을 겁니다. 저처럼 공부가 좋아서 직업으로 택한 사람도 마찬가지예요. 저 같은 경우 이런 슬럼프가 오면 대체로 두 종류의 행동을 합니다. 하나는 제가 최고의 지적 희열을 느꼈던 순간을 떠올리거나 그때 기록들을 읽는 겁니다. 다른 하나는 제 주변에서 호기심과 열정을 발산하고 있는 사람 곁으로 가는 거예요.

[김] 저는 그냥 자버려요.

[장] 물론 휴식이나 분위기 전환이 필요한 경우가 있지요. 그럴 때는 저도 잠을 자거나 영화를 보거나 아이들과 놀거나 여행을 가거나 합니다. 하지만 슬럼프가 올 때는 이야기가 좀 다르죠. 잠깐의 휴식만으로는 해결되지 않을 때가 있잖아요. 그때 쓰는 방법이에요.

잘 나가던 스포츠 선수가 슬럼프에 빠지는 경우들이 종종 있잖아요. 그들이 결국 그것을 극복하고 더 성숙한 선수가 된 후에 꼭 하는 말이 있어요. "내가 최고였던 때를 계속 생각했다." 그리고 "아무개가 큰 도움을 주었다." "최고였던 때"라는 것이 공부로 치면 바로 지적 희열을 느낄 때를 말하는 것이겠지요. 뭔가를 새롭게 알아갈 때 느끼는 큰 만족감과 즐거움. 사람은 누구나 그런 경험이 있습니다. 그때를 떠올리면 내가 이대로 주저앉을 수는 없다고 다짐하게 돼요. 지식은 중독성이 강하죠. 지식의 산을 넘어본 사람들은 언젠가 그 산을 다시 찾게 되어 있습니다.

이것을 앞당기는 것이 바로 주변 사람들의 도움입니다. 바닥에 주저앉은 사람이 자기와 비슷한 사람만 만나게 되면 슬럼프는 길어질 수밖에 없지요. 그래서 저는 슬럼프다 싶으면 호기심과 열정의 에너지 레벨이 높은 사람들을 찾아갑니다. 가서 이야기도 나누고, 혼도 좀 나고, 정신도 좀 차리다 보면 대개는 제 레벨도 올라갑니다.

[김] 에너지 충전소에 다녀오시는 거군요.

[장] 그렇지요. 하지만 많은 사람들이 '공부는 혼자 하는 것'이라는 착각에 빠져 있는 것 같아요. 지식이야말로 공동 작업의 산물이라고 할 수 있습니다. 그 어떤 것보다도 네트워크가 중요한 영역이죠. 언

뜻 보기에 다윈 같은 지식인은 시골집에 푹 파묻혀 몇십 년을 혼자서 조용히 연구하다 생을 마감한 사람 같죠? 사람들이 생각하는 지식인이란 대개 이런 이미지인 것 같더라고요. 하지만 그것은 지식인의 삶을 너무 모르고 하는 소리입니다. 다윈이 평생 동안 주고받은 편지들은 너무 많아서 아직도 편집이 진행 중일 정도입니다. 그 편지를 읽다 보면 다윈에게 애정을 느낄 수밖에 없어요. 평범한 우리랑 너무 똑같거든요. 좌절과 환희, 기쁨과 절망이 배어 있지요. 그러니 지적인 교류를 할 수 있는 사람을 옆에 두는 것도 슬럼프를 이길 수 있는 좋은 방도입니다.

김 저는 그런 여자 친구를 만나고 싶어요.

장 그렇게 되길 바랍니다.

김 선생님 이야기를 듣다 보니 갑자기 제 에너지 레벨이 100에 가까워진 것 같아요.

장 대신 제 에너지 레벨이 내려간 것은 아니겠죠? 저도 간만에 불꽃이 튀었어요. 재밌었어요. 오늘 녹음한 것은 풀어서 나중에 꼭 보내 주세요. 저도 제 공부법에 대해서 공부를 좀 해야겠어요.

김 네. 그렇게 하겠습니다. 오늘 인터뷰 너무 감사합니다.

지식인마을에 가다

인류의 지성사를 이끌어온
100인의 지식인 마을 주민들-